全球武器
精选系列

全球战机TOP精选
（珍藏版）

★★★★★

（第2版）　《深度军事》编委会 编著

U0299226

清华大学出版社
北 京

内 容 简 介

本书精心选取了全球战斗机、全球攻击机、全球轰炸机、全球军用运输机、全球武装直升机和全球通用直升机等现代军队主力战机中的 70 款王牌型号，独具特色地以排行榜的形式对它们进行对比介绍。每种战机的排名均秉承客观公正的原则，并设有"排名依据"板块对排名原因进行了详细介绍。为了增强阅读的趣味性，每款战机还特意加入了一些相关的趣闻逸事。通过阅读本书，读者朋友可以全面了解这些战机的性能，也很容易辨明它们各自的优点与劣势。

本书内容翔实，结构严谨，分析讲解透彻，图片精美丰富，适合广大军事爱好者阅读和收藏，也可以作为青少年的科普读物。

图书在版编目 (CIP) 数据

全球战机 TOP 精选：珍藏版 /《深度军事》编委会编著 . —2 版 . —北京：清华大学出版社，2021.12（2024.12重印）

（全球武器精选系列）

ISBN 978-7-302-59626-4

Ⅰ. ①全… Ⅱ. ①深… Ⅲ. ①军用飞机—介绍—世界 Ⅳ. ① E926.3

中国版本图书馆 CIP 数据核字（2021）第 249907 号

责任编辑： 李玉萍
封面设计： 郑国强
责任校对： 张彦彬
责任印制： 丛怀宇

出版发行： 清华大学出版社

网　　　址：https://www.tup.com.cn，https://www.wqxuetang.com
地　　　址：北京清华大学学研大厦 A 座　　　邮　　编：100084
社 总 机：010-83470000　　　邮　　购：010-62786544
投稿与读者服务：010-62776969，c-service@tup.tsinghua.edu.cn
质 量 反 馈：010-62772015，zhiliang@tup.tsinghua.edu.cn

印 装 者：小森印刷（北京）有限公司
经　　销：全国新华书店
开　　本：146mm×210mm　　　印　　张：11.375　　　字　　数：291 千字
版　　次：2017 年 7 月第 1 版　　　2022 年 1 月第 2 版　　　印　　次：2024 年 12 月第 4 次印刷
定　　价：69.00 元

产品编号：091262-01

前言

　　1903 年 12 月 17 日，美国莱特兄弟制造的第一架飞机"飞行者 1 号"在美国北卡罗来纳州试飞成功。这标志着人类翱翔蓝天的梦想成为现实，也意味着世界战争史将因此发生巨大的改变。

　　在诞生之初，飞机主要用于竞赛和表演。一战爆发后，这种"会飞的机器" 逐渐被派上了用场，先用于侦察，继而装上机枪专门进行空中格斗，后来又带上炸弹去轰炸敌方阵地。随着战机家族的不断壮大，飞机与战争的联系也越来越紧密。战机因战争的需求而飞速发展，并不断改变着战争的形态。二战期间，各类战机随着战争的进程以惊人的速度发展。

　　二战后，随着科学技术的进步，战机的性能不断取得突破性进展，武器作战效能越来越高，活动范围越来越广，种类也越来越多。时至今日，各类战机在夺取制空权、防空作战、支援地面部队和舰艇部队作战等方面，仍然发挥着巨大作用。

　　在世界各国军队装备的各类战机中，那些引领时代的先进型号战机总是格外引人注目。2017 年，清华大学出版社推出了"全球武器精选"系列图书，其中《全球战机 TOP 精选（珍藏版）》一书精心选取了国外战斗机、攻击机、轰炸机、军用运输机、武装直升机和通用直升机等现代军队主力战机中的 70 款王牌型号，独具特色地以排行榜的形式对它们进行对比介绍。每种战机的排名均秉承客观、公正的原则，并设有"排名依据"板块对排名原因进行详细介绍。为了增强阅读的趣味性，每款战机还特意加入了一些相关的趣闻逸事。通过阅读该书，读者朋友可以全面了解这些战机的性能，也很容易辨明它们各自的优点与劣势。

由于内容丰富、图文并茂、形式新颖，该书面世后引起了较好的反响。不过，由于军事知识更新较快，近几年时间里已经发生了很大的变化。与此同时，该书在销售过程中也收到了部分读者的宝贵意见。秉承精益求精的原则，本社在第 1 版的良好基础上推出了内容更新更全、图片更多更美的第 2 版。与第 1 版相比，第 2 版更新了一些过时的信息，修改了部分不合理的文字，同时扩展了部分排名靠前的重点战机的图文内容。

与第 1 版相同，本书针对现代人的阅读习惯，不仅在文字方面严格把关，在配图方面更是精益求精。书中不仅配有大量清晰而精美的鉴赏图片，还精心设计了许多极具特色的数据对比图表，可以生动形象地体现出每款战机的性能差异。在结构上，本书也颇为新颖地采用了"从后往前"的排序方式，能够最大限度地激起读者朋友的好奇心和阅读欲望。本书采用小开本设计，易于携带和收藏，便于读者朋友随时随地阅读。

本书是真正面向军事爱好者的基础图书，编写团队拥有丰富的军事图书写作经验，并已出版了许多畅销全国的图书作品。与同类图书相比，本书不仅图文并茂，在资料来源上也更具权威性和准确性。同时，本书还拥有非常完善的售后服务，读者朋友可以通过邮件、官方网站和微信公众号等多种途径提出您宝贵的意见和建议。

本书由《深度军事》编委会编著，参与编写的人员有阳晓瑜、陈利华、高丽秋、龚川、何海涛、贺强、胡姝婷、黄启华、黎安芝、黎琪、黎绍文、卢刚、罗于华等。对于广大资深军事爱好者，以及有意了解国防军事知识的青少年来说，本书不失为极具价值的科普读物。希望读者朋友们能够通过阅读本书，循序渐进地提高自己的军事素养。

目 录

Chapter 01

认识战机

　　战机是指能以机载武器、特种装备对空中、地面、水上、水下目标进行攻击和担负其他作战任务的各类飞机。自诞生以来,战机大量用于作战,使战争由平面发展到立体空间,对战略战术和军队组成等产生了重大影响。

战机发展简史

　　1903 年 12 月 17 日，美国莱特兄弟制造的世界第一架有动力、可操纵、重于空气浮力的载人飞行器试飞成功，人类飞行的梦想从此变成了现实。然而，这项发明同时也大大改变了现代战争的形态，并催生了空军这一新的军种。

　　飞机出现之初基本上是一种娱乐的工具，主要用于竞赛和表演。一战爆发后，飞机被匆匆投入了战场，战争实践与军事需求大大加速了飞机及其技术的发展。一战初期，军用飞机主要负责侦察、运输、校正火炮等辅助任务。当战争转入阵地战以后，交战双方的侦察机开始频繁活动起来。为了有效地阻止敌方侦察机执行任务，各国开始研制适用于空战的飞机——战斗机。世界上公认的第一种战斗机是法国制造的莫拉纳·索尔尼埃 L 型飞机。它装备了法国飞行员罗朗·加罗斯设计的"偏转片系统"，解决了一直以来机枪子弹被螺旋桨干扰的难题。随后，德国研制出更加先进的"射击同步协调器"并安装在"福克"战机上，成为当时最强大的战斗机。

　　一战初期，飞机还只是勉强可用于空中观察和枪械对射的工具，而当战争结束时，飞机已经成为能用于空中侦察、临空轰炸和追逐格斗的有效武器系统，飞机的产量也因此急剧增加，并从此诞生了一个新的工业部门——航空工业。

　　1939 年爆发的二战，更充分地展示了飞机的作战能力。由于飞机的战略作用已经在一战中后期被各个国家广泛接受，到二战开始时，军用飞机已经得到了很好的发展，各种不同作战用途的军用飞机也应运而生，如攻击机、截击机、战斗轰炸机、俯冲轰炸机、鱼雷轰炸机等。由于二战期间各种舰船（包括航空母舰）被大范围使用，这也使得各种舰载机在战斗中大放异彩。

　　二战期间，战争的需求推动各国不断研制新的军用飞机，飞机的性能几乎达到了使用活塞式发动机所能达到的极限。战争末期，德国开始使用 Me 262 喷气式战斗机。此后，各国开始大力发展喷气式战斗机，而活塞式战斗机渐渐退出历史舞台。

20 世纪 50 年代初期，首次出现了喷气式战斗机空战的场面。到了 20 世纪 60 年代初期，战斗机的最大速度已超过两倍音速，机载武器已从机炮、火箭弹发展为空对空导弹。20 世纪 60 年代中期，以苏联米格 -25 和美国 YF-12 为代表的战斗机的速度超过了三倍音速。不过，越南战争、印巴战争和中东战争的实践表明，超音速战斗机制空战大多是在中、低空，接近音速的速度进行。空战要求飞机具有良好的机动性，即转弯、加速、减速和爬升性能，装备的武器则是机炮和导弹并重。因此，此后新设计的战斗机不再追求很高的飞行速度和高度，而是着眼于改进飞机的中、低空机动能力，完善机载电子设备、武器和火力控制系统。

美国 F-35 "闪电 II" 战斗机

20 世纪 80 ～ 90 年代随着电子信息技术的迅猛发展，给战机的发展带来了划时代的变化，不仅飞行速度、高度与航程获得极大提高，而且战机的机动性、目标特性与信息对抗能力也有了质的跃升。战机从战争的协同力量变成了战争的主力，甚至成为决定性力量。在 20 世纪后半叶，喷气式战斗机已经发展了四代，此外还出现了许多先进的攻击机、预警机、轰炸机、军用运输机、教练机、无人侦察机和武装直升机等军用飞行器，构成了一个完整的空军装备体系。时至今日，第五代战斗机已经陆续登上了历史舞台，其他军用飞机也有着日新月异的变化。

美国 AV-8B "海鹞 II" 攻击机

俄罗斯图 -160 "海盗旗" 轰炸机

欧洲"虎"式武装直升机

战机世代划分

从喷气式战斗机开始服役之后，一些国家开始对战斗机进行世代划分。常见的划分方式有很多种，划分的基本原则是以较为普遍的共同点作为世代划分的分野。历史上，欧美国家和苏联（俄罗斯）对于战斗机的世代划分曾有明显不同（如苏联的第四代战机根据美国原先的标准划分为第三代战机），但现在划分标准已较为统一。

第一代战斗机

第一代战斗机可以追溯到二战末期服役的机种，这些战斗机开始使用喷气式发动机为动力，外形设计仍然沿用过去的经验。在性能上，第一代战斗机的平飞速度比螺旋桨飞机要高，航程则受到发动机效率的影响而较差，水平运动性能也较弱，对油门改变的反应能力低，发动机的寿命受到材料与设计的影响，也不如当时最好的活塞发动机。

第一代战斗机普遍采用后掠机翼，装有带加力燃烧室的涡轮喷气发动机。飞机的电子设备还非常简陋，主要是通信电台、高度表和无线电罗盘以及简单的敌我识别装置。武器装置以大口径机炮为主，后期型可以挂装第一代空对空导弹。飞机的火控系统为简单的光学—机电式瞄准具，后期安装了第一代雷达。在特定条件下，第一代战斗机已经可以实现超音速飞行。第一代战斗机主要的空战方式是近距离格斗，尾随攻击。由于飞机在高空的盘旋性能较差，所以这一时期飞机在垂直方向上的机动性能显得更为重要。

第一代战斗机的典型代表包括雅克-15 战斗机（苏联）、米格-9 战斗机（苏联）、米格-15 战斗机（苏联）、F-80 战斗机（美国）、F-84 战斗机（美国）、F-86 战斗机（美国）、"流星"战斗机（英国）、"吸血鬼"战斗机（英国）和"神秘"战斗机（法国）等。

苏联米格-15 战斗机

第二代战斗机

第二代战斗机问世于 20 世纪 50 年代末期，以涡轮喷气发动机为动力来源，追求高空、高速，并且装备了雷达和空对空导弹的战斗机。第二代战斗机的发展路线延续第一代战斗机强调速度、实用升限以及操作高度等方面，为了达到这些目的，后燃器在这个阶段开始成为战斗机必要的装备，空气动力领域相关的研究成果也逐渐广泛采用。

第二代战斗机参加了越南战争和其他的一些局部战争，接受了实战的考验，结果却发现它们并不能满足实战的要求，因为作战方式和以前预想的已经发生了很大的变化。高空高速并不是空战的主要范围，因此第二代战斗机的性能优点并不是决定空战胜负的决定性因素。

第二代战斗机的典型代表包括 F-104 战斗机（美国）、F-105 战斗机（美国）、米格-21 战斗机（苏联）、米格-23 战斗机（苏联）和"幻影III"战斗机（法国）等。

美国 F-104 战斗机

▌▌▌▌▷ 第三代战斗机

第三代战斗机出现于 20 世纪 60 年代，这个阶段将先前累积的使用经验以及各种试验的结果加以整合，许多高速飞行时的现象和控制问题获得相当程度的解决，高后掠角度的机翼设计已经不再流行，三角翼、几何可变机翼与后掠角度小于 45 度的梯形机翼成为设计的主流。发动机的功率透过耐高温特殊材料和冷却技术而更上一层楼。雷达与各类航空电子设备逐渐成熟与复杂化，机鼻进气口几乎完全被放弃，以配合大型雷达天线的安装需求，而这个需求使得飞机的大小和制造成本迅速增长。

受惠于各项系统的进步，尤其是雷达与航空电子设备的功能以及效能，使得第三代战斗机开始趋向多任务、多用途的路线。第三代战斗机的典型代表包括 F-4 战斗机（美国）、F-5 战斗机（美国）、米格 -25 战斗机（苏联）、"幻影 F1"战斗机（法国）、"幼狮"战斗机（以色列）、F-1 战斗机（日本）等。

以色列"幼狮"战斗机

▌▌▌▌▷ 第四代战斗机

第四代战斗机于 20 世纪 70 年代陆续服役，这些飞机吸收了第三代战斗机设计与使用上的经验，加上诸多空中冲突与演习显示出来的问题和需求，融合之后成为冷战结束前后最主要的角色，主要特征是航空电子系统的提升，还有部分隐身技术的尝试性使用。除了多用途和精密航空电子设备的发展方向大致不变以外，第四代战斗机放弃对高速、高翼载荷的设计追求，转而扩展飞机在不同高度与速度下的运动性，其中又以美国空军约翰·柏伊德上校提出的"能量运动理论"对第四代战斗机设计的影响最深。

第四代战斗机开始广泛采用以新材料与技术开发的大推力涡扇发动机，取代过去的涡轮喷气发动机。新型发动机在提升推力的同时降低了燃料消耗，使得体积较小的机型也能拥有较长的航程。在只携带一部分燃料以及两枚导弹的情况下，许多第四代战斗机都可以达到推力大于重量的状态，也就是推重比大于 1。

第四代战斗机还开始引入电传飞行控制与静不稳定的设计概念，完全颠覆了过去的气动力设计方式和飞行控制机构。第三代战斗机为了降低高速下的阻力，座舱罩的外形需要与机身配合，从而阻碍了飞行员的视野，而第四代战斗机对此进行了大幅改进，采用泡形座舱罩，或者是类似的设计，让飞行员能够更有效地掌握周围状况。此外，电子计算机技术的成熟与超高速芯片的量产，将过去使用与显示非常复杂的雷达改头换面，以多样化的图形和文字显示更多的资讯，提高了飞行员的状态意识。

第四代战斗机的典型代表包括 F-14 战斗机（美国）、F-15 战斗机（美国）、F-16 战斗机（美国）、F/A-18 战斗机（美国）和苏 -33 战斗机（苏联）等。此外，还有一些现役战斗机的升级型被称为第四代半战斗机，包括 F-15E 战斗机（美国）、F/A-18E/F 战斗机（美国）、米格 -35 战斗机（俄罗斯）、苏 -35 战斗机（俄罗斯）、"阵风"战斗机（法国）、"台风"战斗机（欧洲）和"鹰狮"战斗机（瑞典）等。

瑞典"鹰狮"战斗机

第五代战斗机

第五代战斗机是目前世界上最先进的一代战斗机，在科技上与第四代 / 第四代半战斗机最大的差异就是低可侦测性技术的全方位运用，并具备高机动性、先进航空电子系统、高度集成计算机网络，以及优异的战场态势感知能力。

截至 2016 年 12 月，已经开始服役的第五代战斗机只有美国研制的 F-22 战斗机和 F-35 战斗机。另外，俄罗斯研制的 T-50 战斗机也即将服役。其他国家也有研制第五代战斗机的项目，如韩国的 KAI KF-X 项目、日本的 ATD-X 项目和印度的 MCA 项目。

美国 F-22 战斗机

战机性能指标

 最大速度

20 世纪 60 年代以来，战斗机的最大速度在 17 000 米高度时已超过 2.8 马赫（约 3 000 千米 / 时），多数战斗机在高空的最大速度为 2.0 马赫左右。轰炸机的最大速度约 2.2 马赫，高空高速侦察机的最大速度超过 3.0 马赫，军用运输机的最大速度也已达到 900 ～ 950 千米 / 时。飞机在低空飞行时，由于空气密度大，机体结构可承受的速压强度有限，飞行速度不能太大。20 世纪 80 年代初期，军用飞机靠近海平面飞行，最大允许速度不超过 1 500 千米 / 时。近 20 年来，仅就技术条件的可能性而言，直接用于战斗的飞机的最大速度还颇有提高的余地，但从作战需要和经济效益全面考虑，付出很大代价并不值得，因此，战斗机最大速度并没有多大提高。

美国 SR-71 "黑鸟" 侦察机

实用升限

由于直接用于战斗的飞机并不需要飞得太高，20 世纪 60 年代以来，军用飞机的实用升限变化也不大。战斗机的实用升限在 20 000 米左右，高空侦察机（如美国 SR-71 和苏联米格 -25P）的实用升限约 25000 米。轰炸机和战斗轰炸机的实用升限，多数不超过 16000 米。现代直接用于战斗的

飞机，为避免被对方雷达早期发现，常从低空或超低空突防，某些起飞重量超过 100 吨的轰炸机，突防高度可低至 150 米左右，攻击机的突防高度为 50 ～ 100 米。

美国 B-1B "枪骑兵" 轰炸机

最大航程

军用飞机的最大航程和续航时间一直在逐渐增加。现代战斗机的最大航程通常超过 2000 千米，带副油箱时可超过 5000 千米。轰炸机、军用运输机的最大航程超过 14000 千米，高空侦察机的航程超过 7000 千米。如果对飞机进行空中加油，每加一次，航程可增加 20% ～ 40%。若进行多次空中加油，其最大航程就不受机内燃料容量的限制，而取决于飞行人员的耐力、氧气储存量及发动机的润滑油量等因素。

飞机的最大航程与发动机燃料消耗率（发动机每工作 1 小时，平均产生每千克推力所消耗的燃料千克数）、起飞载油系数（机上燃料重量与飞机起飞重量之比）、巡航升阻比（巡航时飞机升力与阻力的比值）有关。20 世纪 60 年代以来，飞机的起飞载油系数变化不大，巡航升阻比也没有明显提高，主要靠降低发动机燃料消耗率来增大航程。现代战斗机、战斗轰炸机和攻击机的续航时间为 1 ～ 2 小时，带副油箱时达 3 ～ 4 小时。有的轰炸机、反潜巡逻机和军用运输机不进行空中加油，能连续飞行 10 多个小时。

美国 C-5 "银河" 运输机

作战半径

　　军用飞机的作战半径与飞机在战区活动时间长短、发动机使用方式、飞行高度等有关。了解军用飞机的作战半径，通常要弄清出航、突防和返航时的高度范围，例如，"高、低、高"作战半径，即表示"出航时飞高空，接近目标突防时改为低空，返航时又飞高空"条件下的作战半径。喷气式飞机在大气对流层飞行时，飞得高一些比较省油，所以"高、低、高"作战半径较大。一般来说，战斗机和战斗轰炸机的作战半径为最大航程的 1/4 ～ 1/3（在战区活动时间 3 ～ 5 分钟），轰炸机的作战半径为最大航程的 1/3 ～ 2/5。

苏联苏 -27 "侧卫" 战斗机

Chapter 02

战斗机

　　战斗机的主要任务是与敌方战斗机进行空战，夺取制空权，其次是拦截敌方轰炸机、攻击机和巡航导弹，还可携带一定数量的对地攻击武器，执行对地攻击任务。本章详细介绍了战斗机制造史上影响力最大的 20 种型号，并根据核心技术、综合性能、单位造价、建造数量等因素进行了客观、公正的排名。

投产量、运用方、服役时间和生产厂商

TOP 20　"光辉"战斗机	
投 产 量	16 架
运 用 方	印度空军、印度海军
服役时间	2015 年至今
生产厂商	印度斯坦航空公司

TOP 19　"狂风"战斗机	
投 产 量	992 架
运 用 方	德国空军、英国空军、意大利空军、沙特阿拉伯空军
服役时间	1979 年至今
生产厂商	帕那维亚飞机公司

TOP 18　"幻影III"战斗机	
投 产 量	1422 架
运 用 方	法国空军、澳大利亚空军、巴基斯坦空军、以色列空军、南非空军、西班牙空军、瑞士空军
服役时间	1961 年至今
生产厂商	达索航空公司

TOP 17　F-4 "鬼怪II"战斗机	
投 产 量	5195 架
运 用 方	美国空军、美国海军、英国空军、土耳其空军、希腊空军
服役时间	1961 年至今
生产厂商	麦克唐纳公司

TOP 16 "幻影 2000" 战斗机	
投 产 量	601 架
运 用 方	法国空军、印度空军、埃及空军、希腊空军、巴西空军
服役时间	1982 年至今
生产厂商	达索航空公司

TOP 15 F-14 "雄猫" 战斗机	
投 产 量	712 架
运 用 方	美国海军、伊朗空军
服役时间	1974 年至 2006 年
生产厂商	格鲁曼公司

TOP 14 F-2 战斗机	
投 产 量	98 架
运 用 方	日本航空自卫队
服役时间	2000 年至今
生产厂商	三菱重工、洛克希德·马丁公司

TOP 13 JAS 39 "鹰狮" 战斗机	
投 产 量	247 架
运 用 方	瑞典空军、南非空军、捷克空军、匈牙利空军
服役时间	1997 年至今
生产厂商	萨博公司

TOP 12 "台风" 战斗机	
投 产 量	487 架
运 用 方	德国空军、英国空军、意大利空军、西班牙空军
服役时间	2003 年至今
生产厂商	欧洲战斗机联合体

TOP 11　"阵风"战斗机	
投 产 量	152 架
运 用 方	法国空军、法国海军、埃及空军
服役时间	2001 年至今
生产厂商	达索航空公司

TOP 10　米格 -29"支点"战斗机	
投 产 量	1600 架
运 用 方	苏联空军、俄罗斯空军、乌克兰空军、伊朗空军、印度空军、波兰空军
服役时间	1982 年至今
生产厂商	米高扬设计局

TOP 9　苏 -27"侧卫"战斗机	
投 产 量	809 架
运 用 方	苏联空军、俄罗斯空军、乌克兰空军
服役时间	1985 年至今
生产厂商	苏霍伊设计局

TOP 8　F-15"鹰"式战斗机	
投 产 量	1198 架
运 用 方	美国空军、以色列空军、沙特阿拉伯空军、日本航空自卫队
服役时间	1976 年至今
生产厂商	麦克唐纳·道格拉斯公司（现波音公司）

TOP 7　F-16"战隼"战斗机	
投 产 量	4573 架
运 用 方	美国空军、以色列空军、土耳其空军、韩国空军、希腊空军
服役时间	1979 年至今
生产厂商	通用动力公司

TOP 6 F/A-18 "大黄蜂" 战斗 / 攻击机	
投 产 量	1980 架以上
运 用 方	美国海军、美国海军陆战队、澳大利亚空军、加拿大空军
服役时间	1983 年至今
生产厂商	麦克唐纳 · 道格拉斯公司、诺斯洛普公司、波音公司

TOP 5 米格 -35 "支点 F" 战斗机	
投 产 量	尚未量产
运 用 方	俄罗斯空军、埃及空军
服役时间	2019 年至今
生产厂商	米高扬设计局

TOP 4 苏 -35 "侧卫 E" 战斗机	
投 产 量	67 架
运 用 方	俄罗斯空军
服役时间	2014 年至今
生产厂商	苏霍伊设计局

TOP 3 F-35 "闪电 II" 战斗机	
投 产 量	171 架
运 用 方	美国空军、美国海军、美国海军陆战队、英国海军、英国空军、以色列空军、意大利空军
服役时间	2015 年至今
生产厂商	洛克希德 · 马丁公司

TOP 2 苏 -57 战斗机	
投 产 量	尚未量产
运 用 方	俄罗斯空军、俄罗斯海军
服役时间	2020 年 (计划)
生产厂商	苏霍伊设计局

TOP 1　F-22 "猛禽" 战斗机	
投 产 量	195 架
运 用 方	美国空军
服役时间	2005 年至今
生产厂商	洛克希德·马丁公司

机体尺寸

TOP 20 "光辉" 战斗机

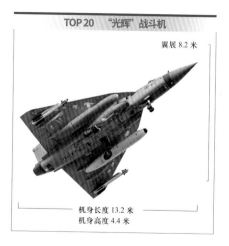

翼展 8.2 米

机身长度 13.2 米
机身高度 4.4 米

TOP 19 "狂风" 战斗机

翼展 13.91 米

机身长度 16.72 米
机身高度 5.95 米

TOP 18 "幻影III" 战斗机

翼展 8.22 米

机身长度 15.03 米
机身高度 4.5 米

TOP 17 F-4 "鬼怪II" 战斗机

翼展 11.7 米

机身长度 19.2 米
机身高度 5 米

TOP 16 "幻影 2000" 战斗机

翼展 9.13 米

机身长度 14.36 米
机身高度 5.2 米

TOP 15 F-14 "雄猫" 战斗机

翼展 19.55 米

机身长度 19.1 米
机身高度 4.88 米

TOP 14 F-2 战斗机

翼展 11.13 米

机身长度 15.52 米
机身高度 4.96 米

TOP 13 JAS 39 "鹰狮" 战斗机

翼展 8.4 米

机身长度 14.1 米
机身高度 4.5 米

TOP 12 "台风" 战斗机

翼展 10.95 米

机身长度 15.96 米
机身高度 5.28 米

TOP 11 "阵风" 战斗机

翼展 10.8 米

机身长度 15.27 米
机身高度 5.34 米

TOP 10 米格 -29 "支点" 战斗机

翼展 11.4 米

机身长度 17.37 米
机身高度 4.73 米

TOP 9 苏 -27 "侧卫" 战斗机

翼展 14.7 米

机身长度 21.9 米
机身高度 5.92 米

TOP 8 F-15 "鹰" 式战斗机

翼展 13.05 米

机身长度 19.43 米
机身高度 5.63 米

TOP 7 F-16 "战隼" 战斗机

翼展 9.96 米

机身长度 15.06 米
机身高度 4.88 米

TOP 6 F/A-18 "大黄蜂" 战斗 / 攻击机

翼展 13.62 米

机身长度 18.31 米
机身高度 4.88 米

TOP 5 米格 -35 "支点 F" 战斗机

翼展 12 米

机身长度 17.3 米
机身高度 4.7 米

TOP 4　苏 -35 "侧卫 E" 战斗机

翼展 15.3 米

机身长度 21.9 米
机身高度 5.9 米

TOP 3　F-35 "闪电 II" 战斗机

翼展 10.7 米

机身长度 15.7 米
机身高度 4.33 米

TOP 2　苏 -57 战斗机

翼展 14 米

机身长度 19.8 米
机身高度 4.8 米

TOP 1　F-22 "猛禽" 战斗机

翼展 13.56 米

机身长度 18.92 米
机身高度 5.08 米

基本战斗性能对比

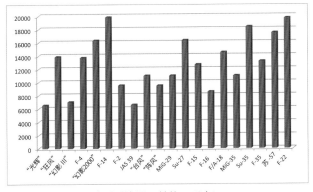

空重对比图（单位：千克）

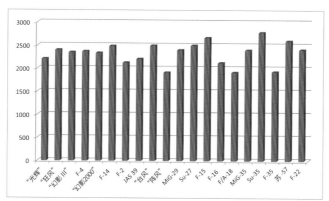

最大速度对比图（单位：千米/时）

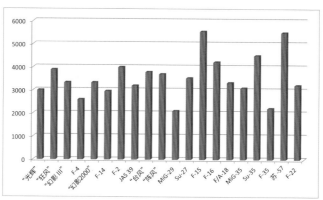

最大航程对比图（单位：千米）

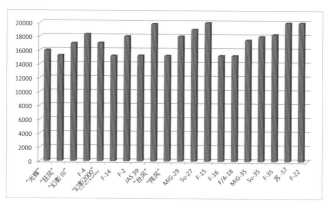

实用升限对比图（单位：米）

"光辉"战斗机

　　"光辉"战斗机是印度斯坦航空公司研发的轻型战斗机，开发项目源于印度的"轻型作战飞机"（LCA）计划。

排名依据

　　虽然"光辉"战斗机是刚刚服役的新型战斗机，但其作战水平只能勉强达到第四代战斗机的标准。该型机的单机造价约 4 500 万美元，许多关键部件都是从国外进口而来，如发动机为美国通用电气公司的 F404-GE-IN20 发动机，雷达则是以色列航空航天工业公司的 EL/M-2032 多模式多普勒脉冲雷达。

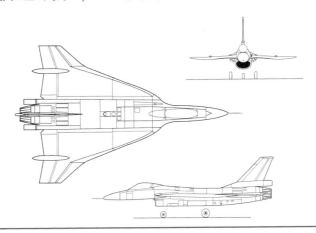

建造历程

20 世纪 80 年代初期，巴基斯坦从美国获得了先进的 F-16 战斗机。为此，印度决心要研制出一种全新的作战飞机，在性能上全面超越 F-16 战斗机。1983 年，印度"轻型作战飞机"项目正式启动，后来该项目被正式命名为"光辉"。虽然包括发动机在内的关键部件都是从国外引进，但受印度国力及航空科技水平的限制，"光辉"战斗机研制工作的进展非常缓慢。直至 2001 年 1 月 4 日首架试验机升空，印度已耗资约 6.75 亿美元。2015 年 1 月，"光辉"战斗机正式服役，整个项目耗资超过 10 亿美元。

满载武器的"光辉"战斗机

机体构造

"光辉"战斗机很大程度上参照了法国"幻影 2000"战斗机的设计，采用无水平尾翼的大三角翼布局。机身采用了铝 - 锂合金、碳纤维复合材料和钛合金钢制造，复合材料有效地降低了飞机重量，也可以减少机身铆钉的数量，增加飞机的可靠性和降低其因结构性疲劳而产生裂痕的风险。最初印度预期整体的航空电子设备均由本国生产，但最终仅有 60% 的部件实现国产化。"光辉"战斗机采用了先进的四余度数字线传飞行控制系统，具备极佳的可靠性和灵敏性，大大减轻了飞行员的处理负担。

"光辉"战斗机侧面视角

▶ 战斗性能

　　"光辉"战斗机的气动外形经过广泛的风洞试验和复杂的计算机分析，能够在确保战斗机轻盈小巧的同时，最大限度地减少操纵面，扩大外挂的选择性、增强近距缠斗的能力，同时继承了无尾三角翼优秀的短距起降能力。虽然这种气动外形在一定程度上牺牲了高速性能，但印度军方认为，现代空战强调的是高机动性以及超视距打击能力，没有必要追求更快的飞行速度。"光辉"战斗机装有1门23毫米GSh-23机炮（备弹220发），8个外部挂架可挂载3500千克导弹、炸弹或火箭弹等武器，也可挂载航空燃油、电子吊舱或侦察吊舱。

"光辉"战斗机在高空飞行

趣 闻 逸 事

　　2016年1月21日，印度空军派出2架编号为LSP-4和LSP-7的"光辉"战斗机参与巴林航空展。在展示期间，印度空军参与了战斗机表演，显示出了"光辉"战斗机的机动性能。

"光辉"战斗机起飞

"狂风"战斗机

　　"狂风"战斗机是由德国、英国和意大利联合研制的双发双座战斗机，主要依功能分成三种型号：IDS（对地攻击）、ADV（防空截击）、ECR（电子战／侦察）。

排名依据

　　为了满足多种战术要求，"狂风"战斗机在设计上使用了多项当时最先进的航空技术。在标准平台上运用了"一机多型"的设计方法，虽然扩展了"狂风"战斗机的应用范围，但这样的设计方法与几乎同时开始的第三代战斗机的设计思想完全不同。在规格和战斗力上，"狂风"战斗机与法国"幻影"系列战斗机和俄罗斯米格-23/27系列战斗机的差距较大。

建造历程

1969 年 3 月，德国、英国、意大利和荷兰合资成立了帕那维亚飞机公司，决定研发一种可以实施战术攻击、侦察、防空和海上攻击的新飞机。由于飞机开发计划过于复杂，荷兰在 1969 年 7 月退出了计划，而德国、英国和意大利仍继续研发新飞机。1970 年，新飞机正式开始研制工作，1972 年完成结构设计，于 1974 年 8 月首次试飞，1974 年 9 月命名为"狂风"战斗机。

"狂风"战斗机在高空飞行

机体构造

"狂风"战斗机采用全金属半硬壳结构的机体，机翼为可变后掠悬臂式上单翼，截面尺寸较大的机身具有很大的内部空间，在机身中段上方还有高强度的中央翼盒和转轴机构。机体结构材料以铝合金为主，部分采用了合金钢，在高受力的中央翼盒和机翼转轴部位使用了高强度的钛合金，复合材料使用范围不大，主要用在机翼的密封带和减速板上。为了提高对电子系统的维护和保养能力，机头的雷达天线罩可以向侧面打开，雷达天线也可以折转，前机身侧面设计有大开口以便对航空电子设备进行检测。

"狂风"战斗机侧面视角

||||▶ 战斗性能

　　"狂风"战斗机有多种型号，其武器也各不相同。该型机的固定武器通常是 1 门 27 毫米毛瑟 BK-27 机炮，备弹 180 发。机身和机翼下的 7 个挂架可根据需要挂载各种导弹、炸弹和火箭弹等，包括 AIM-9 空对空导弹、AIM-132 空对空导弹、AGM-65 空对地导弹、"暴风影"空对面导弹、"铺

路"系列制导炸弹、B61 核弹等。

"狂风"战斗机的机身设置有大量的检查口盖，全机开口率较高，可以方便在设施简单的野战机场对飞机进行地面维护和保养。

德国空军装备的"狂风"战斗机

趣 闻 逸 事

　　海湾战争中，多国部队共有 128 架"狂风"战斗机参战。其中，对地攻击型 86 架，分别为英国 48 架、意大利 8 架、沙特阿拉伯 30 架，主要任务是攻击伊拉克的重要纵深目标；防空截击型 42 架，分别为英国 18 架、沙特阿拉伯 24 架，主要作为制空战斗机。

"狂风"战斗机准备起飞

"幻影III"战斗机

　　"幻影III"战斗机是法国达索航空公司研制的单发单座战斗机，主要任务是截击和制空，也可用于对地攻击。

排名依据

　　"幻影III"战斗机是达索航空公司"幻影"系列军用飞机的第一种型号，此后又陆续研制出了"幻影5""幻影F1""幻影2000"和"幻影4000"等型号，这些战斗机中除了"幻影F1"采用正常布局外，其他无一例外都采用了无尾三角翼布局，这种布局对法国乃至对"幻影"系列飞机输出国后期的战斗机设计风格产生了重大影响。凭借高可靠性和极高的性价比，"幻影III"战斗机畅销世界各地，衍生型号非常多，在20世纪60～70年代世界各大战争焦点地区均能看到它的身影。

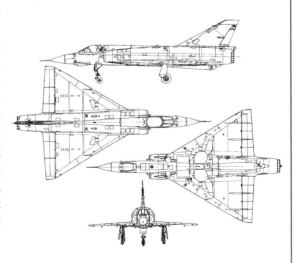

建造历程

20 世纪 50 年代初期，世界各主要空军强国已经进入了喷气式时代，法国空军迫切希望能装备一种国产战斗机。为此，法国政府要求国内航空企业研制一种全天候的轻型拦截机。达索航空公司参与投标的机型为"神秘-三角 550"，几经改进后定名为"幻影III"战斗机。原型机于 1956 年 11 月首次试飞，生产型于 1958 年 5 月首次试飞，并于 1958 年 10 月第 35 次试飞时达到 2 马赫（1 马赫 =1225 公里 / 时）的速度，成为第一架速度达 2 马赫的欧洲战斗机。1961 年，"幻影III"战斗机进入法国空军服役。除法国外，"幻影III"战斗机还出口到阿根廷、巴西、埃及、以色列、南非和瑞士等国。

"幻影III"战斗机起飞瞬间

机体构造

"幻影III"战斗机采用后掠角 60 度的三角形机翼，取消了平尾。尖锐的机头罩内装有搜索截击雷达天线，机身采用"面积律"设计，进气口采用机身侧面形式，为半圆形带锥体。机翼装有锥形扭转盒，靠近机翼前缘处有铰接在上下翼面上的小型扰流片。"幻影III"战斗机采用可收放式前三点起落架，主轮和前轮均为单轮。座舱盖以铰链形式连接，向后打开，座舱内装有马丁·贝克公司的弹射座椅。达索航空公司认为战斗机在高强度的空战中可靠性将是影响作战性能的最大因素，为此"幻影III"战斗机的空调系统和液压系统均采用双套备用系统。

"幻影III"战斗机侧面视角

战斗性能

　　"幻影Ⅲ"战斗机最初被设计成截击机，之后发展成兼具对地攻击和高空侦察能力的多用途战机。该型机的固定武器为 2 门 30 毫米机炮，另有 7 个外挂点，可挂载空对空导弹、空对地导弹、空对舰导弹或炸弹等武器。与同时期其他速度达到 2 马赫的战斗机相比，"幻影Ⅲ"战斗机具有操作简单、维护方便的优点。

"幻影Ⅲ"战斗机起飞

趣闻逸事

　　在 1967 年爆发的第三次中东战争中，以色列空军倾巢出动，以迅雷不及掩耳之势轰炸了埃及空军、约旦空军和叙利亚空军的机场，以色列飞行员使用"幻影Ⅲ"战斗机上的机炮和法制反跑道炸弹把三个国家的军用机场炸得千疮百孔，为以色列取得战争胜利打下了坚实的基础。价格低廉的"幻影Ⅲ"战斗机在战斗中的出色表现给世人留下了深刻的印象，达索航空公司和"幻影"系列飞机也就从这时开始闻名世界。

"幻影Ⅲ"战斗机编队飞行

F-4 "鬼怪 II" 战斗机

　　F-4 "鬼怪 II" 战斗机是美国麦克唐纳公司研制的双发重型防空战斗机，是美国极为少见的同时在海军和空军服役的战斗机。

排名依据

　　F-4 "鬼怪 II" 战斗机是 20 世纪 70 年代和 80 年代美国空军和海军的主力战斗机，其生产工作一直持续到 1981 年，总产量在现代西方战斗机中仅次于 F-86 "佩刀" 战斗机。该型机是第三代战斗机的典型代表，各方面的性能都比较好。F-4 "鬼怪 II" 战斗机在 1959—1962 年创造了 15 项飞行世界纪录，包括绝对速度纪录和绝对飞行高度纪录。由于其卓越的性能和在美国及其盟友的广泛装备，F-4 战斗机堪称冷战的标志之一。

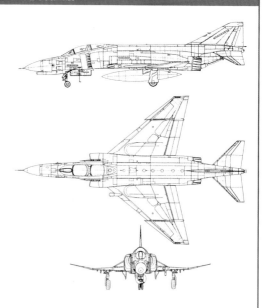

▶ 建造历程

　　F-4 战斗机于 1956 年开始设计，1958 年 5 月第一架原型机试飞，生产型则于 1960 年 12 月开始正式交付美国海军使用。1963 年 11 月，F-4 战斗机开始进入美国空军服役。在越南战争期间，F-4 战斗机除了作为美国空军和海军的主要制空战斗机以外，在对地攻击、战术侦察与压制敌方防空系统等任务方面也发挥了很大作用。

F-4 战斗机在高空飞行

▶ 机体构造

　　F-4 战斗机的机身为全金属半硬壳式结构，分为前、中、后三段。机身前段主要包括座舱、前起落架舱和电子设备舱，中段有发动机舱和油箱舱，靠近发动机的结构材料大量使用钛合金。由于当时还没有在战斗机机体上使用较多比例的复合材料，F-4 战斗机的重量居高不下，对飞行性能有着负面影响。F-4 战斗机采用悬臂下单翼，前缘后掠角 45 度。悬臂全动式整体平尾，下反角 23 度，以避开机翼尾流。平尾前缘增加了缝翼。机翼下侧、起落架舱后方有一块液压驱动的减速板。该型机采用可收放前三点式起落架，前起落架为双轮，没有内胎，向后收入机身。主起落架为单轮，向内收入机翼。舰载型弹射起飞时，前起落架伸长，有着陆钩。

F-4 战斗机侧面视角

战斗性能

　　F-4 战斗机不但空战性能优异，对地攻击能力也很强。该型机装有 1 门 20 毫米 M61A1"火神"机炮，9 个外挂点的最大载弹量达 8480 千克，可搭载普通航空炸弹、集束炸弹、电视和激光制导炸弹、火箭弹等。F-4 战斗机的缺点是大迎角机动性能欠佳，高空和超低空性能略差，起降时对跑道要求较高。

F-4 战斗机在降落时释放减速伞

趣闻逸事

　　在服役期间，F-4 战斗机被赋予了一系列的绰号，如"犀牛""双丑""飞行铁砧""飞行床脚箱""飞行砖块""铅雪橇""大铁雪橇"和"圣路易斯强击手"等。因其服役期间的出色战绩，F-4 战斗机还得到了一个颇具嘲讽意味的绰号，即"世界领先的米格飞机部件经销商"。

F-4 战斗机后方视角

"幻影 2000" 战斗机

　　"幻影 2000"战斗机是法国达索航空公司研制的单发、轻型、多用途战斗机，从 1982 年开始在法国空军服役。

排名依据

　　"幻影 2000"战斗机是法国第一种第四代战斗机，也是第四代战斗机中唯一采用不带前翼的三角形机翼的战斗机，这是一种独树一帜的设计。得益于航空技术的发展，"幻影 2000"战斗机不仅延续了无尾三角形机翼布局的优点，还解决了这种布局的一些局限性。在"阵风"战斗机服役之前，"幻影 2000"战斗机是法国空军主力战斗机之一，还外销到多个国家。

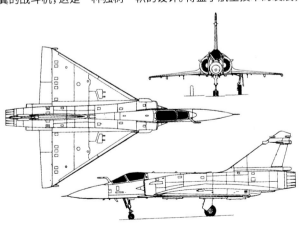

建造历程

从 20 世纪 70 年代开始，达索航空公司就在研究轻型、简单战斗机的方案，所以法国政府提出研制新型"幻影"战斗机的要求时，达索航空公司立即拿出了设计方案，并很快获得了政府的批准和投资。新型"幻影"战斗机由"幻影III"战斗机改良而来，第一架原型机于 1978 年 3 月首次试飞，

1982 年 11 月开始在法国空军服役，命名为"幻影 2000"战斗机。除法国外，该型机还先后被埃及、希腊、印度、秘鲁、卡塔尔、巴西和阿拉伯联合酋长国采用。

"幻影 2000"战斗机准备起飞

机体构造

"幻影 2000"战斗机采用的三角形机翼布局是比较理想的展弦比小的气动方案，有利于减小弯矩。翼根处的绝对厚度大，不仅利于减轻机翼结构重量，便于制造，而且强度较高。三角形机翼的可用容积大，便于装燃油、起落架及各种设备。为了解决三角形机翼起飞着陆性能不佳、滑跑距离长等问题，"幻影 2000"战斗机采用了放宽静稳定度的方案，即其气动压力小心靠近飞机的重心，使飞机在一定条件下会处于不稳定状态，并采用电传操纵来

解决这种新方案的操纵问题。为减轻结构重量，"幻影 2000"战斗机广泛采用了碳纤维、硼纤维等复合材料，复合材料的重量占飞机总重的 7% 左右。

"幻影 2000"战斗机左侧视角

"幻影2000"战斗机右侧视角

战斗性能

　　"幻影2000"战斗机可执行全天候全高度全方位远程拦截任务，全机共有9个外挂点，其中5个在机身下，4个在机翼下。单座型号还装有2门30毫米"德发"机炮，每门备弹125发。"幻影2000"战斗机的动力装置为1台斯奈克玛M53单轴式涡轮风扇发动机，其结构简单，由10个可更换的单元体组成，易于维护。由于M53发动机的推重比不高、推力不足，所以"幻影2000"战斗机的水平加速性能和爬升性能并不突出，但低速性能较为出色。

"幻影2000"战斗机起飞

趣闻逸事

在 1995 年北约轰炸波黑行动时，1 架"幻影 2000"战斗机在 8 月 30 日下午被波黑防空部队以 9K38"针"式单兵防空导弹击落，2 名飞行员被俘。这是法国空军自冷战以来最严重的军事损失之一，"幻影 2000"战斗机初次实战就折翼沙场。

"幻影 2000"战斗机后方视角

TOP 15 F-14"雄猫"战斗机

F-14"雄猫"战斗机是美国格鲁曼公司研制的舰载战斗机，专门执行以航空母舰为中心的舰队防卫任务。

排名依据

F-14 战斗机是世界上服役较早的第四代战斗机，但其早期型号仍处于发展过渡阶段，动力与设计思想相较大多数第四代战斗机仍有差距，划分上存在一定的争议，后期型号则可以完全视为第四代战斗机。按 1998 年币值计算，F-14 战斗机的单机造价约为 3800 万美元。与同时代的战斗机相比，F-14 战斗机的综合飞行控制系统、电子反制系统和雷达系统等都非常优秀。

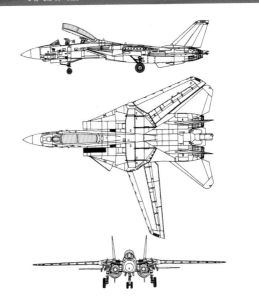

建造历程

1967 年 7 月，美国海军向各大飞机制造公司发出了新型舰载战斗机的招标计划。1968 年 2 月，格鲁曼公司的设计方案中标，并获得制造 6 架原型机 / 预生产型的合同。新机军用编号是 F-14，1970 年 12 月 21 日，原型机首次试飞。1974 年 9 月，F-14 战斗机正式服役，主要用于替换性能逐渐落伍的 F-4 "鬼怪 II" 战斗机。1987 年，装备改进型发动机的 F-14B 正式投产。1988 年，该型机在雷达、航空电子设备和导弹挂载能力等方面经过了进一步改进升级，并定名为 F-14D。

仰视 F-14 战斗机

▚▚▶ ⭐ 机体构造

F-14 战斗机采用双发双垂尾中单翼布局，机头略微向下倾，有利于扩大飞行员的视界。座舱前后纵列布置，飞行员在前，雷达官在后，机背以小角度向后延伸，然后再和主机身平行融合。机身两侧进气，采用当时流行的斜切矩形进气口，以提高大迎角性能。机身为全金属半硬壳式结构材料，采用机械加工框架，钛合金主梁及轻合金应力蒙皮。前机身由机头和座舱组成，停机时机头罩可向上折起。中机身是简单的盒形结构，可以储油。后机身从前至后变薄，尾部装外伸的排油管。F-14 战斗机拥有较高的强度重量比，机体结构中有 25% 的钛合金、15% 的钢、36% 的铝合金，还有 4% 的非金属材料和 20% 的复合材料。

F-14 战斗机侧面视角

▚▚▶ ⭐ 战斗性能

F-14 战斗机的固定武器为 1 门 20 毫米 M61 机炮，10 个外挂点可搭载AIM-54 "不死鸟"、AIM-7 "麻雀" 和 AIM-9 "响尾蛇" 等空对空导弹，以及联合直接攻击弹药、Mk 80 系列常规炸弹、Mk 20 "石眼" 集束炸弹、"铺路" 系列激光制导炸弹等武器。F-14 战斗机装备了 AN/AWG-9 远程火控雷达系统，可在 140 千米的距离上锁定敌机。该型机还装备了当时独有的资料链，可将雷达探测到的资料与其他 F-14 战斗机分享，其雷达画面能显示其他 F-14 战斗机探测到的目标。

F-14 战斗机后方视角

趣闻逸事

在托尼·斯科特执导、汤姆·克鲁斯主演的电影《壮志凌云》中，作为电影故事背景的美国海军战斗机武器学校就是以 F-14 战斗机作为学员的训练用机。影片讲述了美国海军飞行员麦德林以自己老飞行员父亲为偶像，几经历练，最终成为 1 名优秀飞行员的故事。

F-14 战斗机在高空飞行

14 TOP F-2 战斗机

F-2 战斗机是日本航空自卫队现役的主要战斗机种之一，也是接替 F-1 战斗机任务的后继机种，有"平成零战"之称。

排名依据

F-2 战斗机属于第四代战斗机改进型，即第四代半战斗机。该型机是世界上较早配备机载主动相控阵雷达的战斗机，其 J/APG-1 相控阵雷达由日本独立研制生产，因日本在软件整合能力方面的欠缺，这种雷达在服役初期因性能不稳定而饱受诟病，在改进为 J/APG-2 型后才有所改观。

建造历程

1987 年 11 月，日本和美国签订协议，由日本政府出资，以美国 F-16 战斗机为样本，共同研制了一种适用于日本国土防空的新型战斗机。最初这种飞机被称为 FS-X，后来正式定名为 F-2 战斗机。1995 年 10 月，首批 4 架原型机开始试飞。F-2 战斗机原本计划于 1999 年服役，但因试飞期间机翼出现断裂事故而推迟到了 2000 年。

F-2 战斗机在高空飞行

机体构造

F-2 战斗机是以美国 F-16C/D 战斗机为蓝本设计的战斗机，其动力设计、外形和武器等方面都吸取了后者的不少优点。不过，为了突出日本国土防空的特点，F-2 战斗机又进行了多处改进：加长了机身，重新设计了雷达罩，集成了先进的电子设备（包括主动相控阵雷达、任务计算机、惯性导航系统以及集成电子武器系统等），加长了座舱，增加了机翼面积并采用了单块复合材料结构，机翼前缘采用了雷达吸波材料，在机身和尾部应用了先进的复合材料和先进的结构技术，加装了阻力伞。F-2 战斗机的机身截面基本与 F-16 战斗机相同，但为了增加内部容量，稍稍增加了机身中段长度。

F-2 战斗机侧面视角

战斗性能

F-2 战斗机最初的主要任务为对地与反舰等航空支援任务，因此日本航空自卫队将其划为支援战斗机。后期换装 J/APG-2 相控阵雷达之后，F-2 战斗机凭借其先进的电子战系统和雷达，在空对空作战中也有不错的表现。该型机装有 1 门 20 毫米 JM61A1 机炮，位于左侧翼根，可携弹 512 发。此外，该型机还可挂载 8085 千克外挂武器，包括 AIM-7F/M "麻雀" 中程空对空导弹、AIM-9L "响尾蛇" 近程空对空导弹、AAM-3 近程空对空导弹、GCS-1 制导炸弹、自由落体通用炸弹、JLAU-3 多管火箭弹、RL-4 多管火箭弹、ASM-1 反舰导弹和 ASM-2 反舰导弹等。

F-2 战斗机准备起飞

2007 年 10 月 31 日，1 架编号为 43-8126 的 F-2 战斗机（2004 年服役）在爱知县名古屋进行飞行试验时起飞失败，飞机随后着火焚毁，飞行员成功脱离，仅受轻伤。

F-2 战斗机前方视角

TOP 13 JAS 39 "鹰狮" 战斗机

JAS 39 "鹰狮" 战斗机是瑞典萨博公司研制的一款单座全天候战斗机，"JAS" 是瑞典语中 "对空战斗" "对地攻击" 和 "侦察" 的缩写。

排名依据

"鹰狮"战斗机属于第四代半战斗机，由于作战效能高、造价相对便宜（按 2009 年币值计算，单机造价约 6000 万美元），该型机已成为世界上关注度最高、出口成绩最好的轻型战斗机之一。"鹰狮"战斗机的出厂成本只有"台风"战斗机或"阵风"战斗机的 1/3，但同样具有良好的机敏性和较小的雷达截面。此外，较小的机身也降低了飞机的耗油率。

建造历程

"鹰狮"战斗机的研发历史最早可以追溯到 1980 年，当时它作为 SAAB 37 的后继机型开始研发。瑞典情报部门预测，在"鹰狮"战斗机的服役过程中，苏联的苏 -27 战斗机是它可能遇到的最大的威胁。由于苏联距瑞典的最近点只有 200 千米，所以"鹰狮"战斗机没有必要设计成一种大型的双发飞机。1988 年 12 月 9 日，"鹰狮"战斗机的试验机完成首飞，之后因操控系统缺陷导致生产计划大幅延迟。1997 年 11 月，"鹰狮"战斗机正式服役。

"鹰狮"战斗机编队飞行

机体构造

"鹰狮"战斗机采用鸭翼（前翼）与三角形机翼组合而成的近距耦合鸭式布局，机身广泛采用复合材料。三角形机翼带有前缘襟翼和前缘锯齿，全动前翼位于矩形涵道的两侧，没有水平尾翼。机翼和前翼的前缘后掠角分别为 45 度和 43 度。座舱盖为水滴形，单片式曲面风挡玻璃。座椅向后倾斜 28 度，类似美国 F-16 战斗机。可收放前三点式的主起落架为单轮式，向前收入机舱。可转向前起落架为双轮式，向后旋转 90 度平放入机身下部。

"鹰狮"战斗机在高空飞行

战斗性能

"鹰狮"战斗机优秀的气动性能使其能在所有高度上实现超音速飞行，并具备较强的短距起降能力。该型机的固定武器是 1 门 27 毫米机炮，机身 7 个外挂点可以挂载 AIM-9 空对空导弹、"魔术"空对空导弹、AIM-120 空对空导弹、AGM-65 空对地导弹、GBU-12 制导炸弹、Bk 90 集束炸弹等武器。

满载武器的"鹰狮"战斗机

趣闻逸事

"鹰狮"战斗机一直以低成本作为发展策略，JAS-39C/D 型的报价在 4000 万～ 6000 万美元，具有明显价格优势，但各方面性能较为中庸，对大客户没有太大吸引力。JAS-39E/F 型进行了全面升级，性能大幅提升，但造价也剧增，出口瑞士的单机报价达到 1.48 亿美元。因此，瑞典不得不采用合作方式，以分摊不菲的造价经费。

"鹰狮"战斗机起飞

"台风"战斗机

　　"台风"战斗机是英国、德国、意大利和西班牙联合研制的一款双发多用途战斗机，从 2003 年开始服役。

排名依据

"台风"战斗机便于组装，航电设备先进，堪称当代欧洲航空科技的集中体现。按 2011 年币值计算，"台风"战斗机的单机造价约 1.25 亿英镑。作为第四代半战斗机中的佼佼者，"台风"战斗机是世界上少数可以在不开后燃器的情况下超音速巡航的量产战斗机之一。不过，"台风"战斗机仅具备局部隐身能力，能被雷达和红外线侦测到。

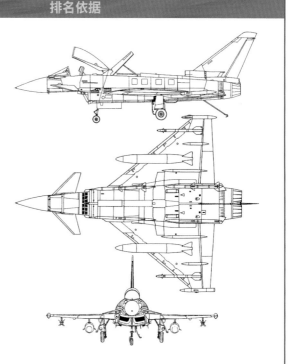

⮞ 建造历程

1983 年，英国、法国、德国、意大利和西班牙五国开始了"未来欧洲战机"计划。因意见不合，法国转而发展自己的"阵风"战斗机。1994 年，"台风"战斗机第一架原型机试飞。2003 年，"台风"战斗机正式开始服役。

"台风"战斗机编队飞行

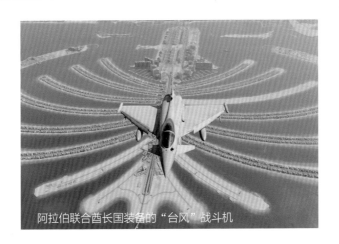

阿拉伯联合酋长国装备的"台风"战斗机

▌▌▌★ 机体构造

　　"台风"战斗机采用鸭式三角翼无尾式布局，矩形进气口位于机身下。这一布局使其具有优秀的机动性，但是隐身能力则相应被削弱。该型机广泛采用碳素纤维复合材料、玻璃纤维增强塑料、铝锂合金、钛合金和铝合金等材料制造，复合材料占全机比例约40%。"台风"战斗机的动力装置为2台欧洲喷气涡轮公司的EJ200涡扇发动机，性能非常出色。

"台风"战斗机在高空机动

战斗性能

"台风"战斗机不仅空战能力较强，还拥有不错的对地作战能力，可使用各种精确对地武器。与其他同级战机相比，"台风"战斗机驾驶舱的人机界面高度智能化，可以有效减少飞行员的工作量，提高作战效能。该型机装有 1 门 27 毫米 BK-27 机炮，13 个外挂点可以挂载 9000 千克武器，包括 AIM-9 "响尾蛇"导弹、AIM-120 导弹、AIM-132 导弹、ALARM 导弹、"金牛座"导弹、"铺路"系列制导炸弹等。

"台风"战斗机准备起飞

趣 闻 逸 事

与其他战机相比，"台风"战斗机最独特之处是有四条不同公司的生产线，其各自专精生产一部分零件供所有飞机，最后再负责组装自己所在国的最终成品飞机。

"台风"战斗机在高空飞行

"阵风"战斗机

"阵风"战斗机是法国达索航空公司研制的双发多用途战斗机，主要使用者为法国空军和法国海军，此外还出口到埃及、印度和卡塔尔等国。

排名依据

"阵风"战斗机属于第四代半战斗机，其主要优势在于多用途作战能力。它是一款能力全面、性能比较均衡的中型战斗机，既能空中格斗，又能对地攻击，还能作为舰载机，甚至可以投掷核弹。在各国中，真正属于"阵风"战斗机这样的"全能通用型战斗机"的新型战机并不多。按照2011年币值计算，"阵风"战斗机（舰载型）的单机造价约为7900万欧元。

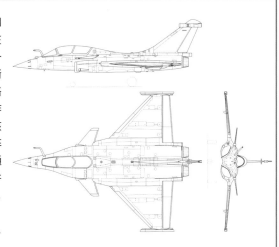

建造历程

　　20 世纪 70 年代，法国空军及海军开始寻求制造新战机。为了节约成本，法国尝试加入欧洲战机计划，与其他国家共同研发，但因对战机功能要求差别过大，最终法国决定独资研发，其成果就是"阵风"战斗机。1986 年 7 月，"阵风"战斗机的原型机首次试飞。2001 年 5 月，"阵风"战斗机正式服役。原本法国军队计划采购 292 架"阵风"战斗机，其中空军 232 架，海军 60 架。但因各种原因最终缩小了采购规模。2015 年，"阵风"战斗机取得了来自埃及（24 架）与印度（36 架）的订单。此外，卡塔尔也计划购买 24 架"阵风"战斗机。

法国空军使用的"阵风"B 型双座战斗机

机体构造

　　"阵风"战斗机采用三角形机翼，加上近耦合前翼（主动整合式前翼），以及先天不稳定气动布局，以达到高机动性，同时保持飞行稳定性。机身为半硬壳式，前半部分主要使用铝合金制造，后半部分则大量使用碳纤维复合材料。该型机的进气道位于下机身两侧，可有效改善进入发动机进气道的气流，从而提高了大迎角时的进气效率。起落架为前三点式，可液压收放到机体内部。

法国空军使用的"阵风"C 型单座战斗机

战斗性能

"阵风"战斗机共有 14 个外挂点（海军型为 13 个），其中 5 个用于加挂副油箱和重型武器，总外挂能力在 9000 千克以上，所有型号的"阵风"战斗机都有 1 门 30 毫米机炮，最大射速为 2500 发 / 分。"阵风"战斗机有着非常出色的低速可控性，降落速度可低至 213 千米 / 时，这对航空母舰起降非常重要。

"阵风"战斗机搭载的各式武器

趣闻逸事

2009 年，法国空军的"阵风"战斗机、英国空军的"台风"战斗机、美国空军的 F-22"猛禽"战斗机均参加了在阿拉伯联合酋长国举行的军事演习。法国宣称"阵风"战斗机在空战演习中以 7 : 1 大比分击败英国空军的"台风"战斗机，英国方面则称此次演习结果不具代表性。

法国海军使用的"阵风"M 型舰载机

米格-29 "支点" 战斗机

　　米格-29 "支点" 战斗机是俄罗斯米高扬设计局研制的双发高性能制空战斗机，1982 年开始服役。

排名依据

　　米格-29 "支点" 战斗机的设计目标是赶超美国当时的第四代战斗机研制计划，它从设计思想上摆脱了原有的思路，具备了优良的气动布局。按照 2009 时的币值计算，米格-29 战斗机的单机造价约为 2900 万美元。该型机的改进型多达 20 余种，总产量超过 1600 架，除俄罗斯外还有数十个国家装备。

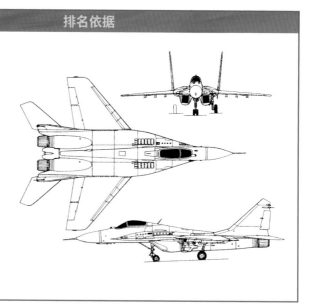

▌▌▌▷ ★ 建造历程

　　1969 年，苏联开始发展"未来前线战斗机"计划（PFI）。1971 年，这个计划被一分为二，即"重型先进战术战斗机"（TPFI）"轻型先进战术战斗机"（LPFI）。前者由苏霍伊设计局负责，后者则交由米高扬设计局，最终促成了苏 -27 战斗机和米格 -29 战斗机的问世。米格 -29 的原型机于 1977 年 10 月 6 日首次试飞，1982 年投入批量生产，同年开始装备部队。

米格 -29K 型舰载战斗机

▌▌▌▷ ★ 机体构造

　　米格 -29 战斗机的整体气动布局为静不安定型，低翼面载荷，高推重比。精心设计的翼身融合体，是其气动设计上的最大特色。米格 -29 战斗机的机身结构材料主要为铝合金组成，部分机身加强隔框使用了钛材料，以适应特定的强度和温度要求，另有少量采用了铝锂合金部件。该型机的 2 台发动机间有较大空间，在机背上形成了一个长条状的凹陷。

米格 -29 战斗机在高空飞行

战斗性能

　　米格-29战斗机装有1门30毫米Gsh-301机炮，备弹150发。机炮埋入机首左侧的翼边内，从正面看是一个小孔。米格-29战斗机的机翼下有7

个挂点，机翼每侧3个，机身中轴线下1个，最大载弹量为2000千克。与以往的苏制战机相比，米格-29战斗机的驾驶舱视野有所改善，但仍然不及同期的西方战斗机。

米格-29战斗机表演特技动作

趣闻逸事

　　美国曾经购入摩尔多瓦空军的21架米格-29战斗机，其中14架拥有主动雷达干扰设备并具备核弹投掷功能。这些米格-29战斗机被全部指派给设在俄亥俄州的国家航空情报中心。目前，这些米格-29战斗机有1架存放在俄亥俄州达顿市美国空军博物馆的仓库中，另外20架下落不明。

米格-29战斗机起飞

苏 -27 "侧卫" 战斗机

苏 -27 "侧卫" 战斗机是苏联苏霍伊设计局研制的双发单座全天候重型战斗机，于 1985 年 6 月开始服役。

排名依据

苏 -27 "测卫" 战斗机属于第四代战斗机，它是苏联设计最为成功的战斗机之一，无论是气动外形、动力系统、航空电子设备都是当时苏联航空技术巅峰的杰出之作，其单机造价约为 3000 万美元。凭借优异的性能、不断的改进，苏 -27 战斗机与美国 F-15 战斗机形成了长期抗衡的局面。苏 -27 战斗机具有超大迎角飞行能力，还被 "俄罗斯勇士" 特技飞行表演队选为表演用机。

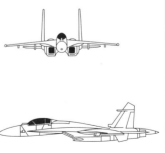

▍▍▍▶ ★ 建造历程

　　20 世纪 60 年代，美国相继发出了 F-15 重型战斗机和 F-16 轻型战斗机。作为回应，苏联从 1969 年开始研发 "未来前线战斗机" 计划（PFI）。参与该项目竞标的有雅克列夫设计局的雅克 -45、米高扬设计局的米格 -29 以及苏霍伊设计局的 T-10（苏 -27 的原型机）。最终，米格 -29 和 T-10 胜出。前者用于对抗 F-16 战斗机，后者用于对抗 F-15 战斗机。

苏 -27 战斗机起飞

▍▍▍▶ ★ 机体构造

　　苏 -27 战斗机的基本设计与米格 -29 战斗机相似，不过体型远大于后者。苏 -27 战斗机采用翼身融合体技术，悬臂式中单翼，翼根外有光滑弯曲前伸的边条翼，双垂尾正常式布局，进气道位于翼身融合体的前下方，有很好的气动性能。机身为全金属半硬壳式，机头略向下垂。为了最大化地减轻重量，苏 -27 战斗机结构大量采用钛合金材料，其使用比例大大高于同期飞机。

仰视苏 -27 战斗机

战斗性能

苏 -27 战斗机的机动性和敏捷性较好，续航时间长，可以进行超视距作战。不过，苏 -27 战斗机的机载电子设备和座舱显示设备较为落后，且不具备隐身性能。苏 -27 战斗机的固定武器为 1 门 30 毫米 GSh-30-1 机炮，备弹 150 发。10 个外部挂架可挂载 4430 千克导弹，包括 R-27、R-73 和 R-60M 等空对空导弹。

苏 -27 战斗机在高空飞行

趣 闻 逸 事

1989 年 6 月，苏联派 2 架苏 -27 战斗机参加了巴黎国际航展，单座型由普加乔夫驾驶，双座型由弗罗洛夫驾驶。普加乔夫驾驶飞机完成了一组高难度的复杂特技，给在场观众留下了深刻印象。其中后来被命名为"普加乔夫眼镜蛇"的动作最为神奇，水平飞行的飞机突然急剧抬头，但不上升高度，而是继续前飞，迎角增大——90 度、100 度、110 度、120 度，飞机"尾部朝前"飞行，飞行速度瞬时减小到 150 千米 / 时，然后飞机自动改平，恢复原状。

苏 -27 战斗机表演特技动作

F-15"鹰"式战斗机

  F-15"鹰"式战斗机是美国麦克唐纳·道格拉斯公司研制的全天候双发战斗机，于 1976 年 1 月开始服役。

  F-15"鹰"式战斗机是世界上较早成熟的第四代战斗机，第四代战斗机的主要设计特点在它身上开始集中显现。按照 1998 年的币值计算，F-15 战斗机的单机造价约 2990 万美元。该型机是一款极为优秀的多用途战斗机，拥有极其出色的空战性能。但是由于诞生较早，F-15"鹰"式战斗机的前期型号仍存在一定争议。F-15 战斗机的生产数量较大，改进型号也多，并且拥有极为丰富的实战经验，它在战场上击落了上百架敌机，却没有一架在战场上被击落的记录。

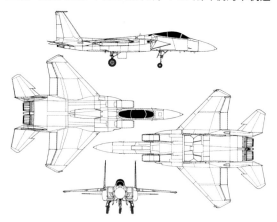

建造历程

F-15 战斗机是由 1962 年展开的 F-X 计划发展而来。在战斗机世代上，按照原先的欧美标准被归类为第三代战斗机，现在已和俄罗斯标准统一为第四代战机。该型机的设计思想是替换在越南战场上问题层出的 F-4 战斗机，要求对 1975 年之后出现的任何敌方战斗机保持绝对的空中优势，设计时要求其"没有一磅重量用于对地攻击"。该型机主要有 A 型、B 型、C 型、D 型四种型号，其中 A 型和 C 型为单座型，B 型和 D 型为双座型。美国空军是 F-15 战斗机最早、最大的使用者，其计划将 F-15 服役至 2025 年。

F-15 战斗机在山区上空飞行

机体构造

F-15 战斗机的机身为全金属半硬壳式结构，机身由前、中、后三段组成。前段包括机头雷达罩、座舱和电子设备舱，主要结构材料为铝合金。中段与机翼相连，部分采用钛合金件承受大载荷。后段为钛合金结构发动机舱。锯齿形前缘的平尾为全动式，面积大，可满足高速飞行和机动需要。机翼前梁为铝合金，后三梁为钛合金。

F-15 战斗机正面视角

战斗性能

F-15 战斗机使用的多功能脉冲多普勒雷达具有较好的下视搜索能力，利用多普勒效应可避免目标的信号被地面噪声所掩盖，能追踪树梢高度的小型高速目标。F-15 战斗机装有 1 门 20 毫米 M61A1 机炮，另有 11 个外挂点（机翼 6 个，机身 5 个），总挂载量达 7300 千克，可 使 用 AIM-7、AIM-9 和 AIM-120 等空对空导弹，以及包括 Mk 80 系列无导引炸弹在内的多种对地武器。

F-15C 战斗机侧面视角

趣闻逸事

F-15 战斗机在电影作品中大出风头：1984 年推出的科幻卡通影片《变形金刚》当中，红蜘蛛、雷公和天钩都是变形成为 F-15 战斗机；1996 年上映的《独立日》中，F-15 战斗机曾护卫过总统的空军一号；2005 年上映的《世界之战》中，一个联队的 F-15E 战斗机以 AIM-9 导弹攻击外星人的三足载具。

F-15 战斗机在高空飞行

F-16 "战隼" 战斗机

　　F-16 "战隼" 战斗机是美国通用动力公司（1993 年通用动力公司将飞机制造事业出售给洛克希德公司）为美国空军研制的多功能喷气式战斗机，属于第四代战斗机。

排名依据

　　F-16 "战隼" 战斗机是世界上产量最高的第四代战斗机，也是最成功的轻型战斗机之一。凭借优异的作战性能，F-16 "战隼" 战斗机外销近 30 个国家和地区。服役至今，F-16 "战隼" 战斗机几乎参与了历次大规模战争，战绩不逊于 F-15 战斗机。F-16 "战隼" 战斗机是美国第一种能够进行 9G 过载机动的战斗机，也是美国最早采用电传操纵系统、人体工程学座舱的战斗机之一。

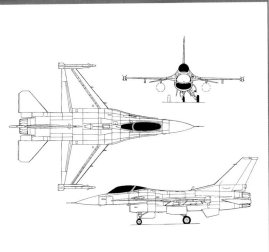

建造历程

F-16 战斗机原本是通用动力公司研制的低成本、单座轻型战斗机，第一种生产型于 1978 年 8 月进入现役。后几经改进，前后有 F-16A、F-16B、F-16C、F-16D、F-16E、F-16F、F-16V、F-16I 和 F-16ADF 等十余种型号。目前，F-16 战斗机的总产量超过 4500 架。除美国外，以色列、埃及、土耳其、韩国、希腊、荷兰、丹麦和挪威等 20 多个国家也有订购。冷战后，美国空军对军机的需求量下降，通用动力公司于 1993 年宣布将 F-16 战斗机的生产线卖给了洛克希德·马丁公司。

F-16 战斗机在高空飞行

机体构造

F-16 战斗机的机身采用半硬壳式结构，外形短粗，采用翼身融合体形式与机翼连接，使机身与机翼圆滑地结合在一起，从而减小了阻力，提高了升阻比，增加了刚度，并且对减小雷达反射面积也有好处。尾部有全动式平尾，平面形状与机翼相似，翼根整流罩后部是开裂式减速板。垂尾较高，安定面大，后缘是全翼展的方向舵。腹部有两块面积较大的安定翼面。起落架为前三点式，可收放在机身内部。座舱盖为气泡形，飞行员视野开阔，内装零 - 零弹射座椅。

F-16 战斗机前方视角

F-16 战斗机侧面视角

▌▌▌▷ 战斗性能

　　F-16 战斗机装有 1 门 20 毫米 M61"火神"机炮，备弹 511 发。该型机可以携带的导弹包括 AIM-7、AIM-9、AIM-120、AGM-65、AGM-88、AGM-84、AGM-119 等，另外还可挂载 AGM-154 联合防区外武器、CBU-87/89/97 集束炸弹、GBU-39 小直径炸弹、Mk 80 系列无导引炸弹、"铺路"系列制导炸弹、联合直接攻击炸弹、B61 核弹等。

F-16 战斗机侧前方视角

趣 闻 逸 事

　　在海湾战争中，美国空军在实战中首次使用了 F-16 战斗机。该型机是海湾战争中部署量最多的一种战机（共计 251 架），共出动了 13480 架次，在美军飞机中出动率最高，平均每架战机出动 537 次。在战争中，F-16 战斗机执行了战略进攻、争夺制空权、压制防空兵器、空中遮断等任务。

正在起飞的 F-16 战斗机

F/A-18"大黄蜂"战斗 / 攻击机

F/A-18"大黄蜂"战斗 / 攻击机是美国专门针对航空母舰起降而开发的对空 / 对地全天候多功能舰载机，于 1983 年 1 月 7 日开始服役。

排名依据

F/A-18 战斗 / 攻击机是美国军方第一架同时拥有战斗机与攻击机身份的机种，也是目前美国海军最重要的舰载机种，其用途广泛，既可用于海上防空，也可进行对地攻击。在战机世代上，F/A-18 战斗 / 攻击机的早期型号被归为第四代战机，F/A-18E/F"超级大黄蜂"战斗 / 攻击机则被归为第四代半战斗机。按照 2009 年的币值计算，F/A-18E/F"超级大黄蜂"战斗 / 攻击机的单机造价约为 9400 万美元。

建造历程

F/A-18 战斗/攻击机的研发历史最早可以追溯到美国空军发展的轻型战机（LWF）计划，当时通用公司与诺斯洛普公司（现诺斯洛普·格鲁曼公司）获得最后决选权，分别发展出 YF-16 与 YF-17 两种原型机，其中 YF-16 被美国空军选中。而 YF-17 虽然在这次计划中落选，却在数年后赢得美国海军的空战战机（ACF）计划。当时，诺斯洛普、波音与制造海军飞机经验丰富的麦克唐纳·道格拉斯公司合作，以 YF-17 原型机为蓝本开发出海军版的原型机，并打败由 F-16 衍生出的舰载机版本。最初计划制造战斗机版 F-18 与攻击机版 A-18 两种型号，但最终采纳美国海军的意见将其合二为一变成 F/A-18 战斗/攻击机。

F/A-18 战斗/攻击机离舰起飞

机体构造

F/A-18 战斗/攻击机的机身采用半硬壳结构，主要采用轻合金，增压座舱采用破损安全结构，后机身下部装着舰用的拦阻钩。机翼为悬臂式的中单翼，后掠角不大，前缘装有全翼展机动襟翼，后缘内侧有液压动作的襟翼和副翼。尾翼也采用悬臂式结构，平尾和垂尾均有后掠角，平尾低于机翼。起落架为前三点式，前起落架上有供弹射起飞用的牵引杆。座舱采用气密空调座舱，内装弹射座椅。

F/A-18 战斗/攻击机侧面视角

俯冲中的 F/A-18 战斗 / 攻击机

战斗性能

　　F/A-18 战斗 / 攻击机的主要特点是可靠性和维护性好，生存能力强，大仰角飞行性能好以及武器投射精度高。该型机的固定武器为 1 门 20 毫米 M61A1 机炮，F/A-18A/B/C/D 有 9 个外挂点，其中翼端 2 个、翼下 4 个、机腹 3 个，外挂载荷最高可达 6215 千克。F/A-18E/F 的外挂点有所增加，不但能携带更多的武器，而且可外挂 5 个副油箱，并具备空中加油能力。

满载武器的 F/A-18 战斗 / 攻击机

趣 闻 逸 事

　　1991 年的海湾战争中，共 190 架 F/A-18 战斗 / 攻击机参战，其中美国海军有 106 架，美国海军陆战队有 84 架。在行动中，有 1 架损失于战斗，2 架损失于非战斗事故。另外有 3 架受到地对空导弹攻击，但是返回基地经过维修又恢复作战能力。

F/A-18 战斗 / 攻击机开火

 米格 -35 "支点 F" 战斗机

米格-35"支点F"战斗机是米高扬设计局研制的多用途喷气式战斗机，2007年首次试飞，2019年开始服役。

排名依据

米格-35战斗机属于第四代半战斗机，整体性能较老式的米格-29K和米格-29M有了显著的提升。凭借最新型的机载设备和先进的武器系统，米格-35战斗机已经具备了执行多种任务的能力。该型机可在不进入敌方的反导弹区域时，对敌方的地上和水上高精准武器进行有效打击。

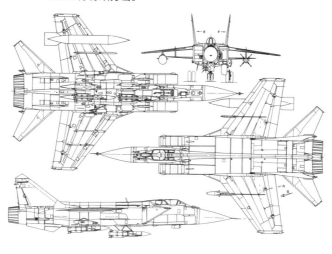

建造历程

米格-35战斗机的研制计划于1996年首度公开，原型机于2007年首次试飞。在2012年印度的军机采购案中，米格-35战斗机一度入选，但2011年印度宣布将采购欧洲战机，这导致米格-35战斗机的批量生产计划一度被取消。2013年5月，俄罗斯宣布采购最少24架米格-35战斗机，于2019年开始服役。2014年4月，有报道称埃及空军计划拨款30亿美元采购24架米格-35战斗机。

米格-35战斗机准备起飞

机体构造

　　米格 -35 战斗机不仅配备了智能化座舱，还装有多功能液晶显示屏。它取消了进气道上方的百叶窗式辅助进气门，并在进气口安装可收放隔栅，防止吸入异物。进气道下口位置可以调节，能增大起飞时的空气量。机身后部位置延长以保持其静稳态性。该型机的动力装置为 2 台克里莫夫 RD-33 涡扇发动机，单台净推力为 53 千牛。

米格 -35 战斗机在高空飞行

战斗性能

　　米格 -35 战斗机装备了全新的相控阵雷达，其火控系统中还整合了经过改进的光学定位系统，可在关闭机载雷达的情况下对空中目标实施远距离探测。该型机的固定武器为 1 门 30 毫米机炮，用于携带各种导弹和炸弹的外挂点为 9 个，总载弹量为 6000 千克。

米格 -35 战斗机表演特技动作

趣闻逸事

　　米格-35战斗机由米高扬设计局设计，该设计局由阿尔乔姆·米高扬和米哈伊尔·古列维奇于1939年12月8日成立。米高扬设计局以生产米格战斗机而闻名，而"米格"的名字正是取自两位设计师阿尔乔姆·米高扬和米哈伊尔·古列维奇姓氏的第一个字母。2006年，俄罗斯政府将米高扬设计局、苏霍伊设计局、伊留申设计局和图波列夫设计局合并成立新的联合航空制造公司。

米格-35战斗机在高空飞行

苏-35"侧卫E"战斗机

　　苏-35"侧卫E"战斗机是苏霍伊设计局研制的一款双发单座多用途重型战斗机，于2014年开始服役。

排名依据

苏 -35 战斗机是由苏 -27 战斗机改进而来，属于四代半战斗机。整体来说，苏 -35 战斗机在机动性、加速性、结构效益、电子设备性能各方面都优于苏 -27 战斗机，而不像苏 -27 战斗机的其他改进型一样有取有舍。按照 2014 年的币值，苏 -35 战斗机的单机造价约为 6500 万美元。

建造历程

20 世纪 80 年代初期，苏 -27S 战斗机刚刚问世，苏霍设计局就开始了大改苏 -27 战斗机的构想，也就是后来的苏 -27M 计划，要将苏 -27 战斗机改为先进的多用途战斗机。1988 年 6 月，苏 -27M 战斗机首次试飞。1992 年 9 月，新机被更名为苏 -35 战斗机。2014 年，俄罗斯空军开始少量装备苏 -35 战斗机。

正在起飞的苏 -35 战斗机

机体构造

　　苏 -35 战斗机的外形非常简洁，大部分天线、传感器都改为隐藏式。机头增长增厚，以安装更大的雷达及更多航空电子设备，侧面看上去下倾得比苏 -27 更大。垂直尾翼加大，以得到更好的偏航稳定性能。此外，垂尾及其方向舵的形状也略微改变，在垂尾顶端，由苏 -27 战斗机的下切改成平直，是苏 -35 战斗机的重要识别特征。苏 -35 战斗机除了采用三翼面设计带来绝佳的气动力性能外，还大幅提升了航空电子性能。这也导致机身重量增加，必须有其他改良才能避免机动性、加速性、航程的下降。因此除了以前翼提升操控性外，苏 -35 战斗机还装备了更大推力的发动机，主翼与垂尾内的油箱也相应增大。

苏 -35 战斗机正面视角

▌▎▎▶ ★ 战斗性能

苏 -35 战斗机装有 1 门 30 毫米 Gsh-301 机炮，机身和机翼下共有 12 个外挂点，采用多用途挂架可有 14 个外挂点。所有外挂点的最大挂载量为

8000 千克，正常空战挂载量则为 1400 千克。理论上，苏 -35 战斗机能发射所有俄制精确制导武器，如 R-27 空对空导弹、R-73 空对空导弹、R-77 空对空导弹、Kh-29 反舰导弹、Kh-59 巡航导弹、Kh-31 反辐射导弹及卡 B-500、卡 B-1500 系列制导炸弹等。

苏 -35 战斗机在高空飞行

趣 闻 逸 事

2014 年 2 月 12 日，俄罗斯国防部长、空军总司令、苏霍伊总裁在阿穆尔河畔共青城飞机厂参加向俄罗斯空军交付 12 架苏 -35 战斗机的正式仪式。这批战斗机编入东部军区的第 3 空防司令部第 303 近卫混成航空兵师第 23 歼击航空兵团第 1 大队，部署在哈巴罗夫斯克边疆区。

停机坪中的苏 -35 战斗机

F-35 "闪电 II" 战斗机

F-35 "闪电 II" 战斗机是美国洛克希德·马丁公司研制的一款单发单座多用途战机，于 2015 年 7 月开始服役。

排名依据

F-35 战斗机属于具有隐身设计的第五代战斗机，被定位为 F-22 战斗机的低阶辅助机种。与美国以往的战机相比，F-35 战斗机具有廉价耐用的隐身技术、较低的维护成本，并用头盔显示器完全替代了抬头显示器。因后发优势，F-35 战斗机在某些方面比 F-22 战斗机更先进。它是美国及其盟国在 21 世纪的空战主力，具备较高的隐身设计、先进的电子系统以及一定的超音速巡航能力。按照 2016 年币值，F-35 战斗机的单机造价约为 1.16 亿美元。

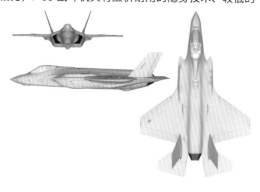

▌▌▌◆ 建造历程

F-35 战斗机源于美军的"联合打击战斗机"（JSF）计划，主要用于前线支援、目标轰炸、防空截击等多种任务，并因此发展出三种主要的衍生版本，包括采用传统跑道起降的 F-35A 型，短距离 / 垂直起降的 F-35B 型，以及作为舰载机的 F-35C 型。2015 年 7 月，F-35B 型开始进入美国海军陆战队服役。2016 年 8 月，F-35A 型也开始进入美国空军服役。至于 F-35C 型，则在 2019 年 2 月进入美国海军服役。

低空飞行的 F-35 战斗机

▌▌▌◆ 机体构造

F-35 战斗机的外形很像 F-22 战斗机的单发动机缩小版，其隐身设计

借鉴了 F-22 战斗机的很多技术与经验。F-35战斗机采用古德里奇公司为其量身定制的起落架系统，配备固特异公司制造的"智能"轮胎，轮胎中内置了传感器和发射装置，可以监测胎压胎温。

F-35 战斗机仰视图

F-35 "闪电Ⅱ" 战斗机

⫸ 战斗性能

　　F-35 战斗机装有 1 门 25 毫米 GAU-12/A "平衡者" 机炮，备弹 180 发。除机炮外，F-35 战斗机还可以挂载 AIM-9X、AIM-120、AGM-88、AGM-154、AGM-158、海军打击导弹、远程反舰导弹等多种导弹武器，并可使用联合直接攻击炸弹、风修正弹药撒布器、"铺路" 系列制导炸弹、GBU-39 小直径炸弹、Mk 80 系列无导引炸弹、CBU-100 集束炸弹、B61 核弹等，火力十分强劲。

F-35 战斗机准备起飞

趣闻逸事

2015 年，洛克希德·马丁公司负责 F-35 项目集成及业务开拓的副总裁在巴黎航展期间表示，尽管签约购买 F-35 战斗机的时间比较晚，但是以色列将成为首个正式操作使用这种第五代战斗机的国际客户。首架 F-35I 战斗机（F-35 系列战斗机中专门出口以色列的型别）于 2016 年底交付给以色列空军。

F-35 战斗机后方视角

动力系统

F-35 战斗机采用普惠公司研制的 F135 发动机，其核心机与 F-22 战斗机的 F119 发动机基本相同。为提高推力，增加了发动机的空气流量和涵道比，提高了发动机的工作温度；为了获得短距起飞和垂直着陆能力，垂直起降型增加了新颖的升力风扇、三轴承旋转喷管、滚转控制喷管。其三级风扇采用超中等展弦比、前掠叶片、线性摩擦焊的整体叶盘和失谐技术，在保持原风扇的高级压比、高效率、大喘振裕度和轻质量的同时，将风扇的截面面积增加了 10% ～ 20%。六级压气机与 F119 发动机基本相同。

F-35 战斗机与 P-51 战斗机同场飞行

F-35C 战斗机准备从"华盛顿"号航空母舰起飞

航空电子

　　F-35 战斗机有四大关键航空电子系统——诺思洛普·格鲁曼公司的 AN/APG-81 有源相控阵雷达和光电分布孔径系统（EODAS）、英国航宇系统公司的综合电子战系统及洛克希德·马丁公司的光电瞄准系统（EOTS）。其中 EODAS 由分布在 F-35 机身的 6 套光电探测装置组成，可实现 360°的环视视场，图像投射到头盔面罩上，使飞行员能通过自己的眼睛，"穿透"各种障碍看到广域外景图像。EOTS 则是一个高性能的、轻型多功能系统，包括一个第三代凝视型前视红外（FLIR）系统，可以在防区外距离上，对目标进行精确探测和识别。此外，EOTS 还具有高分辨率成像、自动跟踪、红外搜索和跟踪、激光指示、测距和激光点跟踪功能。

　　诺思洛普·格鲁曼公司的 AN/APG-81 主动电子扫描阵列雷达是所有型号的 F-35 战斗机通用的。这种具有隔行扫描边搜索边跟踪功能的雷达，使得 F-35 战斗机的飞行员可以在探测、确定以及对固定的和移动的地面目标进行武器制导的同时对付敌人的战斗机或者是低空飞行的直升机。AN/AGP-81 雷达的探测距离接近现有雷达探测距离的 3 倍，并能够向飞行员提供超高分辨率的合成孔径雷达图像。

F-35 战斗机驾驶舱外部特写

F-35 战斗机配备的头盔显示器

实战掠影

2018 年 9 月 28 日，一架美国 F-35B 战斗机于南卡罗来纳州进行飞行训练时，因不明原因坠毁，成为 F-35 系列战斗机研发到量产飞行以来首次坠毁事故。据调查报告显示，此次事故源于机身内的燃油管线因制造纰漏而破裂，导致加油量不足而让发动机失去动力，进而引发后来的事故。

2019 年 4 月 9 日，日本航空自卫队的一架 F-35A 战斗机从三泽基地起飞，进行夜间训练时，后从雷达上消失，于青森县外海坠毁。41 岁飞行员细见彰里失踪，这一次是 F-35A 战斗机首度失事。日本航空自卫队官方估计这场事故的原因很可能是该机在低空飞行时，不慎高速撞击海面所导致。

2020 年，以色列空军出动 F-35 战斗机袭击叙利亚空军基地，不仅摧毁大量基础设施，还命中 6 架基地内的米格 -29 战斗机，令叙利亚空军损失惨重。

F-35 战斗机在高空飞行

F-35 战斗机侧后方仰视图

F-35A 战斗机进行飞行测试

苏 -57 战斗机

苏 -57 战斗机是俄罗斯在"未来战术空军战斗复合体"计划下研制的第五代战斗机，计划于 2020 年开始服役。

排名依据

苏 -57 战斗机是俄罗斯下一代主力多用途战斗机，综合性能十分出色。俄罗斯军方宣称苏 -57 战斗机拥有隐形性能，并具备超音速巡航的能力，且配备有主动电子扫描雷达及人工智能系统，能满足下一代空战、对地攻击及反舰作战等任务的需要。按照 2016 年的币值，苏 -57 战斗机的单机造价约 5000 万美元。因俄罗斯经济能力有限，苏 -57 战斗机恐怕无法大规模生产。

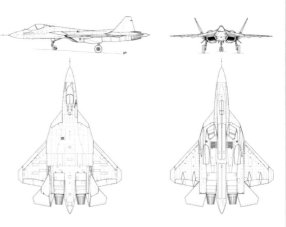

建造历程

2002 年，苏霍伊设计局在融合苏 -47 和米格 1.44 这两款战机的技术后，制造出了苏 -57 原型机。苏 -57 战斗机的研制计划比美国 F-22 战斗机还早两年，但由于经费紧缺，其首次试飞时间（2010 年 1 月 29 日）足足落后了 13 年。到 2015 年秋季，苏 -57 战斗机的 5 架原型机完成了 700 架次试飞，其中多架原型机都经历了长时间的维修。

苏 -57 战斗机编队飞行

机体构造

苏 -57 战斗机大量采用复合材料，其比重约占机身总重量的 1/4，覆盖了机身 70% 的表面面积，钛合金占苏 -57 机体重量的 3/4。该型机的机鼻雷达罩在前部稍微扁平，底边为水平。为降低机身雷达反射截面积及气动阻力，苏 -57 战斗机的 2 个内置武器舱以前后配置，置于机身中轴的 2 个发动机舱之间，长度约 5 米。驾驶舱的设计着重于提高飞行员的舒适性，配备了新型弹射座椅和维生系统。

苏 -57 战斗机侧面视角

苏 -57 战斗机背部视角

战斗性能

苏 -57 战斗机采用优异的气动布局，雷达、光学及红外线特征都较小。从飞机整体布局来看，苏 -57 战斗机的机身扁平，显然延续了苏 -27 战斗机的升力体设计。加上机翼面积较大，翼载荷较低，因此苏 -57 战斗机具备较大的升力系数。另外，其机翼前缘后掠角大于 F-22 战斗机，这显示苏 -57 战斗机更重视高速飞行和超音速拦截能力。该型机装有 1 门 30 毫米 GSh-301 机炮，并拥有至少 2 个大型武器舱，主要用于装载远程空对空导弹和中程空对空导弹，也可装载空对地导弹和制导炸弹。

苏 -57 战斗机准备起飞

趣 闻 逸 事

2012 年 8 月 12 日，为庆祝俄罗斯空军成立 100 周年，苏 -57 战斗机继 2011 年莫斯科国际航展首度亮相后，再度出现在公众视野。

仰视苏 -57 战斗机

动力系统

苏 -57 战斗机在试验阶段采用两台土星公司生产的 AL-41F1-117S 喷气发动机，单台发动机的推力约为 15 吨，该发动机由苏 -27 战斗机的 AL-31F 发动机改进而来，增大了进气道直径，采用了新的高低压涡轮机，改进了燃烧室并采用了新型的全数字发动机控制系统。苏 -57 战斗机的发动机推重比超过 10，且具备矢量推力技术，由于发动机的高推重比，苏 -57 战斗机可于 300 ～ 400 米内起飞。

俄罗斯在矢量推力技术的探索中，没有模仿美国的技术模式，而是独辟蹊径采用了喷口转向技术。由于喷口转向矢量推力的方向性、控制力度和准确性等因素，喷口转向产生矢量推力的效能比喷流舵面要高出很多，因此这种技术的优势是不言而喻的。但喷口转向技术也有其复杂性，由于发动机矢量推力的控制效能太强，在与飞控系统的交联上，非常不容易进行软件设计；其突出问题是稳定控制难度大，发动机喷口转向所形成的操控力矩太大，很难通过舵面加以平衡，由于控制失当而产生的角速度发散将是致命的，其产生的力矩和惯性耦合足以使一架飞机解体。

苏 -57 战斗机在高空飞行

高速飞行的苏 -57 战斗机

▌▌▌▶ 航空电子

　　苏 -57 战斗机航电设备有了质的改进，不再是俄制战斗机的软肋。苏 -57 战斗机装备了季赫米洛夫研究所设计的 N036 雷达，该雷达有五套有源电子扫描阵列（AESA）天线，系统与两台机载电脑相结合，能发现 400 千米以外的目标，同时跟踪 30 个空中目标并向其中 8 个发起攻击。此外，苏 -57 战斗机上集成了独一无二的主动和被动雷达和光学定位系统，实现了"智能蒙皮"功能。

　　苏 -57 战斗机还使用了 SH121 雷达系统，其中包括了三部 X 波段雷达，分别置于正前方及左右两则。机翼另有 L 波段雷达，以应付对 X 波段有低雷达横截面的低可侦测目标，如隐形战斗机。除先进的雷达系统外，苏 -57 战斗机还装备了新型无线电侦察系统和对抗系统，可以在不打开雷达、不暴露自己的情况下，发现敌人并实施干扰。苏 -57 战斗机的电子战系统和对红外制导弹头的抑制系统能更好地保护其不被防空系统发现。苏 -57 战斗机整合了光学 / 红外线搜索与追踪系统，飞行员对飞机的指挥控制也完全实现了数字化，所有信息都显示在座舱内的彩色液晶屏上。

苏 -57 战斗机驾驶舱内部

苏 -57 战斗机配备的 N036 雷达系统

实战掠影

    2018 年 2 月 21 日，两架苏 -57 战斗机被发现降落在叙利亚的赫梅明空军基地，在未入役前提早进行短期部署，被指是要在前线进行战斗测试。三日后，又有两架苏 -57 战斗机到达同一基地。2018 年 3 月 1 日，俄罗斯国防部长谢尔盖·绍伊古证实，两架苏 -57 战斗机在叙利亚完成了两日的测试，当中包括在作战测试中监察武器的运作参数。

苏 -57 战斗机双机编队

苏 -57 战斗机仰视图

苏 -57 战斗机俯视图

F-22 "猛禽" 战斗机

F-22 "猛禽" 战斗机是美国空军现役的双发单座隐形战斗机，其主承包商为美国洛克希德·马丁公司，负责设计大部分机身、武器系统和最终组装。

排名依据

F-22 战斗机是世界上最先服役的第五代战斗机，拥有出色的综合作战能力。按照 2009 年的币值，F-22 战斗机的单机造价高达 1.5 亿美元，堪称世界上最昂贵的现役战斗机。据估计，F-22 战斗机的作战能力为 F-15 战斗机的 2 ～ 4 倍。F-22 战斗机的许多先进技术，还被应用到 F-35 战斗机上。

▌▌▌▷ 建造历程

    F-22 战斗机的研发最早可以追溯到 1971 年，当时美国战术空军指挥部提出了先进战术战斗机（ATF）计划。由于经费的原因，这个计划一直被推迟到了 1982 年 10 月才最终定案，同时提出技术要求。1986 年，以洛克希德公司（尚未与马丁公司合并）和波音公司为主的研制小组提出 YF-22 方案，并中标。1997 年，洛克希德·马丁公司首次公开 F-22 战斗机，并正式将其命名为"猛禽"。2005 年 12 月，F-22 战斗机正式服役。因法规的限制，F-22 战斗机无法出口，美国空军暂时是唯一使用者。

F-22 战斗机编队飞行

▌▌▌▷ 机体构造

    F-22 战斗机采用双垂尾双发单座布局，垂尾向外倾斜 27 度。两侧进气口装在边条翼下方，与喷嘴一样，都做了抑制红外辐射的隐形设计。主翼和水平安定面采用相同的后掠角和后缘前掠角，水泡形座舱盖凸出于前机身上部，全部武器都隐蔽地挂在四个内部弹舱之中。

F-22 战斗机背部视角

F-22 战斗机准备起飞

战斗性能

　　F-22 战斗机在设计上具备超音速巡航（不需使用加力燃烧室）、超视距作战、高机动性、对雷达与红外线隐形等特点。该型机装有 1 门 20 毫米 M61"火神"机炮，备弹 480 发。在空对空构型时，通常携带 6 枚 AIM-120 先进中程空对空导弹和 2 枚 AIM-9"响尾蛇"空对空导弹。在空对地构型时，则携带 2 枚联合直接攻击弹药（或 8 枚 GBU-39 小直径炸弹）、2 枚 AIM-120 先进中程空对空导弹和 2 枚 AIM-9"响尾蛇"空对空导弹。

F-22 战斗机在高空高速飞行

趣闻逸事

　　在 2007 年的电影《变形金刚》中，"狂派"阵营的天王星就是以 F-22 战斗机的形态在地球战斗，对抗一支 F-22 战斗机编队，并于最后离开地球。在 2013 年的电影《环太平洋》中，曾有数架 F-22 战斗机在真理子的回忆中迎击袭击日本的螃蟹型怪兽，其中还有 1 架被怪兽打中爆炸。

F-22 战斗机表演特技动作

动力系统

　　F-22 战斗机装备两台普惠 F119-PW-100 低涵道比加力涡扇发动机，单台最大推力 104 千牛，加力推力 156 千牛，推重比超过 10。相比于上一代战斗机使用的发动机，F119 发动机在零件数量上减少 40% 的情况下能多输出 22% 的推力，并且采用了推力矢量技术，发动机喷口能在纵向偏转 ±20 度，使 F-22 战斗机具备了极佳的机动性和短距离起降性能。

F-22 战斗机超低空飞行

F-22 战斗机使用的 F119 发动机

航空电子

F-22 战斗机搭载的 AN/APG-77 雷达为带电子扫描的主动相位阵列雷达，它包含了近 2000 块模组，其中使用了超高频率范围的单一积分系统技术。为提高隐蔽性，设计有雷达站被动工作状态，在配合 AN/ALQ-94 雷达告警器的情况下，可以不启动主动雷达，取得在 400 千米外预警敌机的效果，它保证雷达站以主动状态工作时信号更不容易被截获。飞行员座舱内的自动仪表设备包括 4 台液晶显示器和广角仪表起飞着陆系统。

F-22 战斗机的航空电子系统采用"宝石柱"计划的系统构形研究成果和许多新技术。在这种可重构的系统构形中，用外场可更换模块（LRM）取代了外场可更换部件（LRU）。各模块分别承担整个航电系统的一部分工作，各模块承担的工作与飞机执行任务时的飞行阶段密切相关。而且当某个模块发生故障时，可使用其他正常模块来承担这一阶段最重要的功能，从而提高了系统工作的可靠性。

2007 年，第 20 批次生产的 F-22 战斗机所使用的是 AN/APG-77V1 改进型雷达，相比于老款的 APG-77，改进型雷达使用了后期的 AN/APG-81 和 AN/APG-80 的部分技术。在 2011 年所生产的 F-22 战斗机第 30 批次，配备的是 AN/APG-77V2 型雷达，增加了侧视主动电子扫描阵列，提高了态势感知和情报收集能力，并对于通信能力也进行了较大的提高。

实战掠影

2010 年 11 月 17 日，一架驻守于阿拉斯加埃尔门多夫空军基地、隶属美国空军第 525 飞行中队的 F-22 战斗机在进行例行的飞行训练之后，于当地时间 19 点 40 分与地面控制中心失去联系，搜救结果显示飞行员杰佛瑞·汉尼上尉在坠毁前并没有顺利弹射逃生。事后的事故调查显示意外可能起因于战斗机上配置的氧气产生系统有设计纰漏，在高空飞行时会造成供氧不足而导致飞行员昏迷。

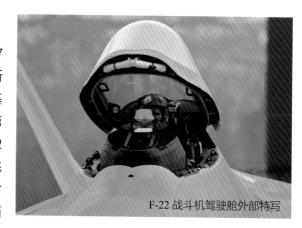

F-22 战斗机驾驶舱外部特写

F-22 战斗机腹部视角

2012 年 11 月 15 日下午 3 时 30 分，一架驻地佛罗里达州巴拿马市郊外廷德尔空军基地的 F-22 战斗机，在完成训练飞行任务回程时坠毁于 98 号公路附近，飞行员成功弹射逃生，但意外造成的浓烟导致高速公路封闭两小时。

2014 年 9 月 22 日，美国和巴林、约旦、沙特阿拉伯、卡塔尔和阿联酋 5 个阿拉伯国家首次空中打击极端组织"伊斯兰国"在叙利亚境内的多个目标。此外，美军还单独空袭了另一极端组织"呼罗珊集团"在叙利亚西部的目标。在所有参战型号中，最受外界关注的是 F-22 战斗机。这是自 2005 年正式服役以来，F-22 战斗机首次参加实战。

F-22 战斗机双机编队

夕阳下的 F-22 战斗机

F-22 战斗机在高空飞行

Chapter 03

攻击机

　　攻击机主要用于从低空、超低空突击敌方战术或浅近战役纵深内的目标，直接支援地面部队作战。本章详细介绍了攻击机制造史上影响力最大的十种型号，并根据核心技术、综合性能、单位造价、建造数量等因素进行了客观、公正的排名。

▶ 整体展示 ●

● 投产量、运用方、服役时间和生产厂商

TOP 10　A-4"天鹰"攻击机	
投 产 量	2960 架
运 用 方	美国海军、美国海军陆战队、巴西海军、新加坡空军、阿根廷空军、以色列空军
服役时间	1956 年至 2003 年（美国海军）
生产厂商	道格拉斯公司

TOP 9　A-7"海盗 II"攻击机	
投 产 量	1569 架
运 用 方	美国海军、美国空军、希腊空军、葡萄牙空军
服役时间	1967 年至 2014 年
生产厂商	沃特飞机公司

TOP 8　"美洲豹"攻击机	
投 产 量	543 架
运 用 方	英国空军、法国空军、阿曼空军、印度空军
服役时间	1973 年至今
生产厂商	欧洲战斗教练和战术支援飞机制造公司

TOP 7　"超军旗"攻击机	
投 产 量	85 架
运 用 方	法国海军、阿根廷海军
服役时间	1978 年至 2016 年（法国海军）
生产厂商	达索航空公司

TOP 6　AMX 攻击机

投 产 量	200 架
运 用 方	意大利空军、巴西空军
服役时间	1989 年至今
生产厂商	AMX 国际公司

TOP 5　A-6"入侵者"攻击机

投 产 量	693 架
运 用 方	美国海军、美国海军陆战队
服役时间	1963 年至 1997 年（美国海军）
生产厂商	格鲁曼公司

TOP 4　苏 -25"蛙足"攻击机

投 产 量	1000 架
运 用 方	俄罗斯空军、白俄罗斯空军、乌克兰空军
服役时间	1981 年至今
生产厂商	苏霍伊设计局

TOP 3　A-10"雷电 II"攻击机

投 产 量	716 架
运 用 方	美国空军
服役时间	1977 年至今
生产厂商	费尔柴尔德公司

TOP 2　F-117"夜鹰"攻击机

投 产 量	59 架
运 用 方	美国空军
服役时间	1983 年至 2008 年
生产厂商	洛克希德公司

TOP 1　AV-8B "海鹞Ⅱ" 攻击机（AV-8B Harrier Ⅱ）	
投 产 量	337 架
运 用 方	美国海军、美国海军陆战队、意大利海军、西班牙海军
服役时间	1985 年至今
生产厂商	麦克唐纳·道格拉斯公司、英国宇航公司

机体尺寸

TOP 10　A-4 "天鹰" 攻击机

翼展 8.38 米

机身长度 12.22 米
机身高度 4.57 米

TOP 9　A-7 "海盗Ⅱ" 攻击机

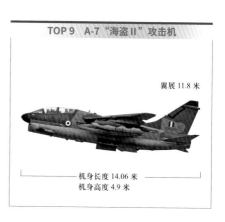

翼展 11.8 米

机身长度 14.06 米
机身高度 4.9 米

TOP 8　"美洲豹" 攻击机

翼展 8.7 米

机身长度 16.8 米
机身高度 4.9 米

TOP 7　"超军旗" 攻击机

翼展 9.6 米

机身长度 14.31 米
机身高度 3.86 米

TOP 6　AMX 攻击机

翼展 8.87 米

机身长度 13.23 米
机身高度 4.55 米

TOP 5　A-6 "入侵者" 攻击机

翼展 16.15 米

机身长度 16.69 米
机身高度 4.93 米

TOP 4　苏 -25 "蛙足" 攻击机

翼展 14.36 米

机身长度 15.53 米
机身高度 4.8 米

TOP 3　A-10 "雷电 II" 攻击机

翼展 17.53 米

机身长度 16.26 米
机身高度 4.47 米

TOP 2　F-117 "夜鹰" 攻击机

翼展 13.2 米

机身长度 20.09 米
机身高度 3.78 米

TOP 1　AV-8B "海鹞 II" 攻击机

翼展 9.25 米

机身长度 14.12 米
机身高度 3.55 米

基本战斗性能对比

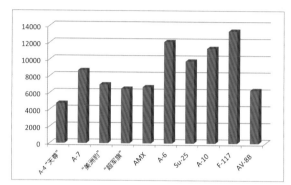

空重对比图（单位：千克）

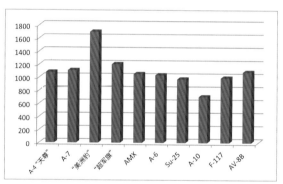

最大速度对比图（单位：千米/时）

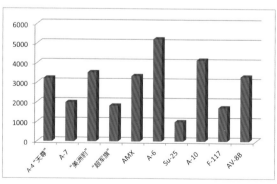

最大航程对比图（单位：千米）

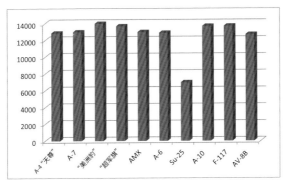

实用升限对比图（单位：米）

A-4 "天鹰" 攻击机

A-4 "天鹰" 攻击机是美国道格拉斯公司研制的单发单座舰载攻击机，主要用户为美国海军和美国海军陆战队，此外还出口到巴西、新加坡、阿根廷、以色列等国。

排名依据

A-4 攻击机设计精巧，造价相对低廉，按照 1979 年（A-4 攻击机停产时间）的币值，A-4 攻击机的单机造价约 380 万美元。由于载弹量大、维护简单、出勤率高，A-4 攻击机服役以后在多场局部战争中都有上佳表现，在越南战争中更是扮演着关键角色，此外还参加过马岛战争、第四次中东战争。

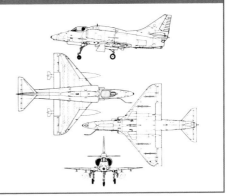

建造历程

　　20 世纪 50 年代，美军战斗机的重量不断增加，为了扭转这一趋势，道格拉斯公司的首席设计师爱德华·海尼曼博士专门成立了一个研究团队。他们提出了一种十分大胆的，设想仅为 3175 千克重的喷气式战斗机，1952 年 1 月将初步研究成果提交给了美国海军航空署。美国海军表现出了些许兴趣，但是手头已经有了好几个战斗机项目，于是建议道格拉斯公司将同样的设计思想用于研制一种舰载攻击机。两周后，海尼曼团队就完成了研究，并且性能指标大大超过了海军的要求。

　　1952 年 2 月，道格拉斯公司通过了初步全尺寸模型的审核，同年 6 月 12 日获得制造 1 架原型机的合同，军方型号为 XA4D-1。1954 年 2 月，

XA4D-1 正式下线，并获得了"天鹰"的绰号。1954 年 6 月，XA4D-1 在爱德华空军基地首次试飞。同年，首个生产型 A4D-1 开始生产，后改称 A-4A。此后，道格拉斯公司又相继研制了多种改进型。

新加坡空军装备的 A-4 攻击机

机体构造

　　A-4 攻击机采用下单翼布局，机翼为三角形机翼，由于翼展较短，所以就免去了机翼折叠机构，降低了不少重量并简化了结构。该型机装有常规

倒 T 形尾翼，平尾可以电动调整安装角，以便在飞行中调整配平。三角形机翼内部形成 1 个单体盒状结构，并安装有内部油箱。后机身两侧各安装有 1 片大型减速板。

A-4 攻击机侧面视角

⚡️⭐ 战斗性能

A-4 攻击机执行攻击任务时，最大作战半径可达 530 千米。机头左侧带有空中受油设备，在进行空中加油之后，作战半径和航程都有较大提升。

A-4 攻击机的机翼根部下侧装有 2 门 20 毫米 Mk 12 机炮，每门备弹 200 发。机身和机翼下共有 5 个外挂点，可挂载常规炸弹、空对地导弹和空对空导弹，最大载弹量 4150 千克。

A-4 攻击机准备起飞

1955 年 10 月 26 日，1 架早期生产型 A-4A 攻击机在爱德华空军基地上空 500 千米圆周航线上飞出了 1118.67 千米 / 时的世界速度纪录。

美国海军陆战队 A-4 攻击机编队飞行

A-7 "海盗Ⅱ" 攻击机

A-7 "海盗Ⅱ" 攻击机是美国沃特飞机公司研制的一款单座战术攻击机，主要用于取代 A-4 "天鹰" 攻击机。

排名依据

A-7 攻击机的机体设计源自于当时美国海军批量装备的 F-8"十字军"舰载战斗机，所以研制周期短，成本也相对较低。按照 1984 年（A-7 攻击机停产时间）的币值，A-7 攻击机单机造价约286 万美元。A-7 攻击机配有现代抬头显示器、惯性导航系统与涡扇发动机，其性能在当时颇为先进。虽然 A-7 攻击机原本仅针对美国海军航空母舰操作而设计，但因其性能优异，后来也被美国空军及国民警卫队采用。

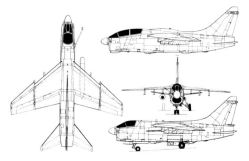

建造历程

A-7 攻击机是 1963 年 5 月美国海军"轻型攻击机"设计竞标的产物。该竞标旨在寻求一种替代 A-4"天鹰"攻击机的新机型，首要任务是投送常规武器而不是核武器。美国海军对低成本飞机感兴趣，于是规定新机型的研制要基于现有设计。另外为了节省更多的经费，没有要求新机型具备超音速性能。1964 年 2 月，美国海军最后选定沃特飞机公司的方案，并签订了制造 3 架原型机的合同。1965 年 9 月 27 日，A-7 攻击机首次试飞。1965 年 11月 10 日，A-7 攻击机的绰号正式定名为"海盗 II"，以表彰沃特飞机公司在二战时期研制了著名战斗机F4U"海盗"。

美国空军装备的 A-7D 攻击机

机体构造

A-7 攻击机是一种上单翼单座战术攻击机，进气口位于机头雷达罩下方。后掠式机翼有明显的下反角，水平尾翼有上反角，垂直尾翼上端切去一角，以降低机身高度，便于在航空母舰上停放。机身为全金属半硬壳式，机身上的舱门和检查口盖比较多，便于维护。机身中部下侧有一块大减速板。

油箱、发动机及座舱部位的机身下侧均有防护装甲。主起落架采用单轮式，向前收起放在机身两侧的轮舱内。前起落架为双轮式，向后收起。

基于 A-7D 标准而发展的海军舰载机 A-7E

战斗性能

A-7 攻击机的固定武器为 1 门 20 毫米 M61 "火神" 机炮，备弹 1030 发。机身座舱下方两侧各有 1 个能挂 227 千克载荷的导弹挂架，一般只能挂空对空导弹或空对地导弹。机翼下共有 6 个挂架，可以选挂炸弹、核弹、火箭弹或电子干扰舱、机炮舱、副油箱等，靠内侧的挂架可挂 1134 千克的载荷，外侧的 2 个挂架均可挂 1587 千克的载荷。

趣 闻 逸 事

2014 年 10 月，希腊空军第 116 作战联队在阿拉科斯基地为全世界最后的 A-7 "海盗 II" 攻击机举办了盛大的退役仪式。希腊空军是世界上最后使用 A-7 攻击机的空军部队。

A-7 攻击机正在投弹

"美洲豹"攻击机

　　"美洲豹"攻击机是英国和法国联合研制的一款双发多用途攻击机，单座版为攻击机，双座版为教练机。

排名依据

　　"美洲豹"攻击机是英国和法国联合研制的第一种战机，也是英国第一种以公制单位设计的飞机。按照 2008 年的币值，"美洲豹"攻击机的单机造价约 800 万美元。与英国空军此前装备的 F-4"鬼怪 II"战斗机相比，"美洲豹"攻击机专门为低空飞行作了优化，而且具备精确攻击能力以及在粗糙跑道上起降的能力。不过，"美洲豹"攻击机缺乏全天候作战能力。

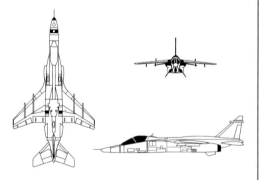

建造历程

　　20 世纪 60 年代初期，英国空军开始寻求一种用于替换"蚊蚋"教练机和"猎人"教练机，同时也可当作轻型战术攻击机使用的新型飞机。此时，法国空军也在寻求一种能担负攻击任务的教练机，以取代 T-33 教练机和"教师"教练机，以及用于攻击任务的"超神秘"战斗机、F-84F 战斗机和 F-100 战斗机。1964 年 4 月，英国与法国达成协议，由英国飞机公司与法国达索航空公司合组欧洲战斗教练和战术支援飞机制造公司，共同研发"美洲豹"攻击机。1968 年 9 月，第一架原型机首次试飞。1973 年，"美洲豹"攻击机正式服役。

停机坪中的"美洲豹"攻击机

机体构造

"美洲豹"攻击机具有干净利落的传统单翼布局，翼面至地面距离很高，便于挂载大型的外部载荷，以及提供充裕的作业空间。机翼后掠角 40 度，下反角 3 度。机翼后缘取消了传统的副翼，内侧为双缝襟翼，外侧襟翼前有 2 片扰流板，低速时与差动尾翼配合进行横向操纵。尾部布局采用梯形垂尾，平尾是单片全动式，有 10 度下反角。

"美洲豹"攻击机在高空飞行

战斗性能

虽然"美洲豹"攻击机是由英国、法国合作研发，但两国在规格与设备方面有较大差异，如英国版使用 2 台罗尔斯 - 罗伊斯 RT172 发动机，法国版使用 2 台阿杜尔 102 发动机。两种版本都装有 30 毫米机炮，并可挂载 4536 千克导弹和炸弹等武器。

"美洲豹"攻击机起飞

趣 闻 逸 事

1991 年，法国空军装备的"美洲豹"攻击机参加了海湾战争，共出击超过了 600 次战斗，投射的 AS-30L 激光制导导弹表现出很好的精确性。在战争中，有 1 架"美洲豹"攻击机被地对空导弹击中，但仍成功飞回基地，被空运回法国修理。

法国空军装备的"美洲豹"攻击机

7 TOP "超军旗"攻击机

"超军旗"攻击机是法国达索航空公司研制的一款单发舰载攻击机，主要用户为法国海军和阿根廷海军。

排名依据

"超军旗"攻击机是第一种配有惯性导航系统的法国军用飞机，就性能而言，它与同时代的著名舰载机 F-14 "雄猫"、F/A-18 "大黄蜂"和"海鹞"相比并无突出之处，但它的实战成绩却比另外三种舰载机的总和还丰硕。在马岛战争中，"超军旗"攻击机因发射"飞鱼"导弹击沉英国"谢菲尔德"号导弹驱逐舰和"大西洋运送者"号集装箱船而一举扬名。

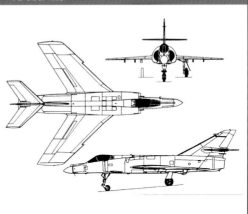

建造历程

"超军旗"攻击机设计源自于它的前身"军旗Ⅳ"攻击机，原计划取代"美洲豹"攻击机的海军型。"超军旗"攻击机的研制进度由于政治问题有所延缓，直到 1974 年 10 月才进行原型机的首次试飞。法国海军最初订购了 60 架"超军旗"攻击机，1978 年 6 月开始交付。此后，法国海军又增加了 11 架订单。除法国海军外，阿根廷海军也订购了 14 架"超军旗"攻击机。

"超军旗"攻击机离舰起飞

机体构造

"超军旗"攻击机采用 45 度后掠角中单翼设计，机身为全金属半硬壳式结构，翼尖可以折起，机身呈蜂腰状。中机身两侧下方有带孔的减速板。减速伞在垂尾与平尾后缘连接处的整流罩内，只有在地面机场降落时才使用。

主起落架和前起落架均为单轮，前轮向后收，主轮则向内收入机翼与机身。该机的动力装置为 1 台斯奈克玛"阿塔"8K-50 非加力型发动机，机身后段可拆除以进行发动机更换。

"超军旗"攻击机在高空飞行

战斗性能

"超军旗"攻击机的固定武器为 2 门 30 毫米"德发"机炮，每门备弹 125 发。全机有 5 个外挂点，机腹中线外挂点可携带 590 千克外挂物，2 个翼下外侧外挂点的挂载能力为 1090 千克，2 个翼下内侧外挂点的挂载能力为 450 千克。在执行攻击任务时，其武器携带方案为 6 枚 250 千克炸弹（机腹挂架挂载 2 枚），或 4 枚 400 千克炸弹（全由翼下挂架挂载），或 4 具 LRI-50 火箭发射巢（每具可容纳 18 枚 68 毫米火箭弹）。此外，该机还可根据需要挂载"飞鱼"空对舰导弹和副油箱等。

趣 闻 逸 事

法国海军的"超军旗"攻击机以"克莱蒙梭"级航空母舰为主要操作基地，之后随着同样由达索航空公司研发的"阵风"战斗机和新型航空母舰"夏尔·戴高乐"号服役而宣告退役。但部分"超军旗"攻击机被保留，作为"夏尔·戴高乐"号的舰载机，最终在 2016 年全面退役。

"超军旗"攻击机准备降落

AMX 攻击机

　　AMX 攻击机是意大利和巴西联合研制的一款单发单座轻型攻击机，能够执行战场遮断、近距空中支援和侦察任务。

排名依据

　　AMX 攻击机以其简洁、流畅、高效的设计，以及其尺寸和作战能力而被冠以"口袋狂风"的绰号。按照 1999 年的币值，AMX 攻击机的单机造价约 1650 万美元。该型机能够全天候执行低空高亚音速突防任务，并能在简易机场和跑道受损的情况下顺利起降。在服役期间，AMX 攻击机得到了相当高的评价：飞行员酷爱它出色的操纵性能和卓越的座舱视野，而地勤人员也对它良好的可维护性赞誉有加。

建造历程

　　1977 年 6 月，意大利空军发出了一纸标书，希望开发菲亚特 G.91 战斗机和洛克希德 F-104 战斗机的替代机型，以完成攻击和侦察任务。与此同时，巴西空军也对新的轻型战术飞机感兴趣，并为此进行了 A-X 计划，但巴西政府无力单独承担研发所需的费用。由于共同的需求，1981 年 3 月巴西政府与意大利政府签署了一份联合规格书，制定了新飞机的性能指标。1984 年 5 月 15 日，AMX 攻击机的第 1 架原型机首次试飞。1989 年 5 月 11 日，意大利空军接收了第 1 架 AMX 攻击机用于测试。

AMX 攻击机正在起飞

机体构造

AMX 攻击机采用常规布局，有一对前缘后掠角 27.5 度的后掠矩形上单翼和后掠平尾。机翼配备了全翼展前缘襟翼，副翼内侧是面积很大的双缝富勒襟翼，机翼上表面还配备了 2 块扰流板，可作为气动刹车使用。该型机的一大特点就是全机的高冗余度：电气、液压和电子设备几乎都采用双重体制。除了垂尾和升降舵是复合材料外，AMX 攻击机绝大部分结构材料采用普通航空铝合金。

AMX 攻击机侧面视角

战斗性能

AMX 攻击机主要用于近距空中支援、对地攻击、对海攻击及侦察任务，并有一定的空战能力。该型机具备高亚音速飞行和在高海拔地区执行任务的能力，设计时还考虑了隐身性。AMX 攻击机的动力装置为 1 台罗尔斯 - 罗伊斯"斯贝"Mk 807 发动机，意大利版装有 1 门 20 毫米 M61A1 机炮，巴西版装有 1 门 30 毫米"德发"机炮，两种版本都可携带空对空导弹。

仰视 AMX 攻击机

趣闻逸事

　　AMX 攻击机的生产商为 AMX 国际公司，该公司由意大利阿莱尼亚航空工业公司、巴西航空工业公司和意大利马基公司合资成立，三家公司分别占股 46.5%、29.7% 和 23.6%。

AMX 攻击机准备起飞

5 TOP | A-6 "入侵者" 攻击机

　　A-6 "入侵者" 攻击机是美国格鲁曼公司研制的一款双发亚音速重型舰载攻击机，主要用于低空大速度突防，对敌纵深目标实施核攻击或非核攻击。

排名依据

A-6 攻击机具备全天候作战能力，足以适应自赤道非洲至极地间全域作战的需要，尤以担任夜间或恶劣天气下的奇袭任务而著称。该型机擅长超低空作战，具备特殊强韧的攻击力。按照 1998 年的币值计算，A-6 攻击机的单机造价约为 4300 万美元。

建造历程

1955 年，美国海军开始向国内各大飞机制造公司征求新型舰载攻击机设计，要求必须具备全天候作战能力和超低空作战能力，且必须拥有完善的航空电子设备。同时，美国海军陆战队也需要一种有全天候作战能力、易维护、能从前线野战机场短距起降的攻击机。双方一拍即合。1956 年，综合美国海军陆战队的要求后，美国海军提出了全天候战术攻击机的具体指标。1957 年 12 月底在 8 家公司共 11 种设计方案中，格鲁曼公司的竞标机型脱颖而出。1958 年 9 月，A-6 攻击机开始初始设计和风洞试验，1959 年 4 月与美军签订正式研制和初始生产合同。1960 年春季，8 架原型机中首架出厂，同年 4 月 19 日首次试飞成功。1963 年 7 月，A-6 攻击机正式服役。

仰视 A-6 攻击机

机体构造

A-6 攻击机的机身为普通全金属半硬壳结构，安装 2 台发动机的机身腹部向内凹。后机身两侧有减速板，由于打开时处于发动机喷气流中，减速板由不锈钢制成。机翼为悬臂式全金属中单翼，后掠角为 25 度，有液压操纵的全翼展前缘襟翼和后缘襟翼。起落架为可收放前三点式，前起落架为双轮式，向后收起，主起落架为单轮式，向前然后向内收入进气道整流罩内，后机身腹部有着陆钩。

机翼折叠的 A-6 攻击机

战斗性能

A-6 攻击机主要用于低空高速度突防，对敌方纵深目标实施攻击。该机能携带共计 8200 千克各种大小不同的对地攻击武器，但没有安装固定机炮。除传统攻击能力外，A-6 攻击机在设计上也具有携带并发射核武器的能力。A-6 攻击机能够在任何恶劣的天气中以超低空飞行，穿过敌方的搜索雷达网，正确地摧毁敌军阵地、目标。

A-6 攻击机接受空中加油

趣闻逸事

1986 年 3 月的"草原烈火"行动中，从"美国"号航空母舰上起飞的 2 架 A-6 攻击机使用"鱼叉"反舰导弹击沉了利比亚军 1 艘"战士"级导弹快艇。另一架 A-6 攻击机用 Mk 20"石眼"集束炸弹重创利军"纳努契卡"级大型导弹艇。从"萨拉托加"号和"珊瑚海"号航空母舰上起飞的 A-6 攻击机，分别击沉和击伤了 1 艘导弹艇。

A-6 攻击机编队飞行

苏 -25 "蛙足"攻击机

　　苏 -25 "蛙足"攻击机是苏霍伊设计局研制的一款双发单座亚音速攻击机，主要执行密接支援任务。

排名依据

　　苏 -25 攻击机曾是苏军的主力攻击机，也在苏联解体后的独联体国家持续服役，并有若干外销版本。该型机结构简单，装甲厚重坚固，易于操作维护，适合在恶劣的战场环境中进行对己方陆军的直接低空近距支援作战。按照 2004 年的币值，苏 -25 攻击机的单机造价约为 1100 万美元。

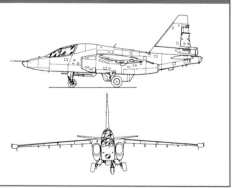

建造历程

1968 年，苏军提出了新型攻击机的研发计划，要求能在前线 150 千米以内目视攻击敌人的地面目标、直升机和低速飞机，还要求能尽快投产。雅克列夫设计局、伊留申设计局和苏霍伊设计局参加了竞标，最终苏霍伊设计局的方案被选中，设计局编号为 T-8。1975 年 2 月，苏 -25 攻击机的原型机首次试飞。1978 年，苏 -25 攻击机开始批量生产，但直到 1981 年才形成全面作战能力。

苏 -25 攻击机在高空飞行

机体构造

苏 -25 攻击机的机翼为悬臂式上单翼，三梁结构，采用大展弦比、梯形直机翼，机翼前缘有 20 度左右的后掠角。机身为全金属半硬壳式结构，机身短粗，座舱底部及四周有 24 毫米厚的钛合金防弹板。机头左侧是空速管，右侧是为火控计算机提供数据的传感器。起落架为可收放前三点式。

仰视苏 -25 攻击机

战斗性能

苏 -25 攻击机能在靠近前线的简易机场上起降，执行近距战斗支援任务。该机装有 1 门 30 毫米双管机炮，机翼下总共有 8 个挂架，可携带 4400 千克空对地武器。苏 -25 攻击机反坦克能力较强，机翼下可挂载"旋风"反坦克导弹，射程 10 千米，可击穿 1000 毫米厚的装甲。苏 -25 攻击机的低空机动性能好，可在装弹情况下与米 -24 武装直升机协同，配合地面部队攻击坦克、装甲车和重要火力点等。

苏 -25 攻击机降落

趣闻逸事

　　苏 -25 攻击机在许多电子游戏中都有出现，如在《战地风云 3》的突击模式中，苏 -25 攻击机以俄罗斯军队主力攻击机的姿态出现，而征服模式则为苏 -35 战斗机。此外，在《鹰击长空 2》《武装突袭 2》和《皇牌空战：突击地平线》等游戏中，均有苏 -25 攻击机出现。

苏 -25 攻击机在降落时释放减速伞

TOP 3 A-10 "雷电 II" 攻击机

　　A-10 "雷电 II" 攻击机是美国费尔柴德公司研制的双发单座攻击机，主要执行密接支援任务，包括攻击敌方战车、武装车辆、重要地面目标等。

排名依据

A-10 攻击机的火力强大、装甲厚实，能够有效应对利用地形掩护的地面部队，拥有美国其他战斗机和武装直升机所不具备的对地攻击能力。按照 1984 年（A-10 攻击机停产时间）的币值，A-10 攻击机的单机造价约 1880 万美元。

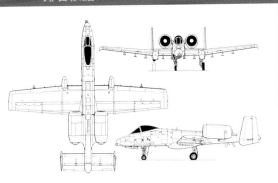

建造历程

A-10 攻击机源于美国空军在 1966 年 9 月展开的攻击机试验计划，其绰号来自于二战时期在密接支援上表现出色的 P-47 "雷电" 攻击机。A-10 攻击机于 1972 年 5 月首次试飞，1975 年开始装备美国空军。该型机有多个型号，在经过升级和改进之后，预计一部分 A-10 攻击机将会持续使用至 2028 年。

A-10 攻击机在高空飞行

机体构造

A-10 攻击机采用中等厚度大弯度平直下单翼、双垂尾的正常布局，不仅便于安排翼下挂架，而且有利于遮蔽发动机排出的火焰与气流，以抑制红外制导对空导弹的攻击。尾吊发动机不仅可以简化设计、减轻结构重量，在起降时还可最大限度地避免发动机吸入异物。两个垂直尾翼增加了飞行的安全性，作战中即使有一个垂直尾翼遭到破坏，飞机也不会无法操纵。

仰视 A-10 攻击机

战斗性能

　　A-10 攻击机在低空低速时有优异的机动性，可在相当短的跑道上起飞及降落，并能在接近前线的简陋机场运作，因此可以在短时间内抵达战区。其滞空时间相当长，能够长时间盘旋于任务区域附近并在 300 米以下的低空执行任务。A-10 攻击机在前机身内左下侧安装了 1 门 30 毫米 GAU-8 型 7 管"加特林"机炮，最大备弹量 1350 发。该型机有 11 个外挂架（每侧机翼下 4 个，机身下 3 个），最大载弹量为 7260 千克。

A-10 攻击机搭载的武器

趣闻逸事

在 2007 年科幻电影《变形金刚》中，美军使用 A-10 攻击第一次出现的蝎形霸天虎。在 2013 年美国超级英雄电影《超人：钢铁之躯》中，美军使用 A-10 迎击在凯纳斯镇中战斗的氪星人与超人。

A-10 攻击机编队飞行

动力系统

A-10 攻击机配有两台通用电气 TF34-GE-100 涡扇发动机，涵道比高达 6：1，同时产生的废气通过尾翼间排出，遮盖了部分废气的红外线，使热追踪的便携防空导弹较难锁定。发动机安装于主翼后上方、尾翼组件前上方，让主翼和尾翼遮挡发动机，使发动机不会完全暴露于来自下方的攻击。

除了减低被击中及降低被击中后的战损外，发动机所在位置也让 A-10 攻击机较适合在恶劣环境下操作，离地较高避免了吸入来自跑道的沙石，这对起降于简陋机场中平整较差的跑道尤为重要。在地面维护时，位置较高也让发动机可以安全地保持在运转状态，省却重新启动的时间。把较低的位置让给机翼，对机翼的维护及武器的挂载也带来了方便。

A-10 攻击机头部特写

A-10 攻击机发动机尾喷口特写

航空电子

　　A-10 攻击机最初没有采用成本较高的航电火控，只能白天作战。从 1978 年开始，对该机进行了大规模的改装，安装平视仪、夜间导航 / 攻击吊舱、红外探测仪、地形跟踪雷达等。机上设备包括 AN/AIC-18 机内通信设备，KY-58/75 保密话音、多频段调幅、调频通信设备，CPU-132 导航计算机，AN/ASN-141 惯性导航系统，AN/ARN-118 塔康导航设备，AN/AXQ-13 电视监控器，MXU-553 飞行数据记录仪，AN/ARN-108 仪表着陆系统，AN/ALR-46 和 ANALR-69 雷达告警接收机，AN/APX-101 敌我识别器，AN/AWG-(ACS) 武器控制系统，AN/AVQ-29 平视显示仪。此外，还有 AN/AAS-35 激光搜索和跟踪系统吊舱，AN/ALQ-87 及 AN/ALQ-119 电子对抗吊舱。

　　在高强度冲突中，使用电子干扰吊舱可以提高电子战水平。A-10 攻击机服役之初装备了 AN/ALQ-87 电子对抗吊舱、AN/ALQ-131 (V) 噪声 / 欺骗式干扰吊舱，或者 AN/ALQ-184 (V) 自卫电子对抗干扰吊舱。AN/ALQ-

184（V）吊舱采用
罗特曼透镜多波束天
线、信道化接收机，
最新优化可编程技术
及数字式微处理机、
功率管理等先进技
术，具有应答式、转
发式和噪声等干扰模
式。其功率大、反应
快，可应对多个辐射
源，能对导弹制导雷
达、高炮瞄准雷达和
机载截击雷达实施有
效干扰。

A-10 攻击机侧面视角

A-10 未升级前的
类比式仪表板

实战掠影

1991 年的第一次波斯湾战争，是 A-10 攻击机的第一次参与实战。其
间 A-10 攻击机参加了"沙漠风暴"和"贵族铁砧"等行动，144 架 A-10
攻击机出动了将近 8100 架次任务，一共摧毁了伊拉克超过 900 辆坦克、
2000 辆其他战斗车辆以及 1200 个火炮据点，使其成为在该战役中效率最
高的作战飞机。

2002 年 3 月，A-10 攻击机被分派到巴基斯坦的巴格拉姆空军基地，
参与了"森蚺行动"，之后开始执行了多项针对塔利班及阿尔盖达的任
务。2003 年 3 月，美国入侵伊拉克，共有 60 架 A-10 攻击机在入侵伊拉
克的早期执行任务，在此期间，A-10 攻击机的任务完成率达 85%，发射了

311597发30毫米子弹，但其中一架在巴格达机场附近遭伊军防空炮火击落。

　　2011年3月，6架A-10攻击机在联合国军空袭利比亚时参与了"奥德赛黎明行动"，其间对地面目标进行了攻击。3月29日，美国A-10攻击机的GAU-8机炮向利比亚两艘小艇发射30毫米炮弹，击毁其中一艘，并迫使另一艘弃逃。

A-10攻击机进行空中加油

A-10攻击机的机炮

A-10 攻击机俯视图

F-117 "夜鹰" 攻击机

F-117 "夜鹰" 攻击机是美国洛克希德公司研制的双发单座隐身攻击机，1983 年开始服役，2008 年退出现役。

排名依据

F-117 攻击机是世界上第一款完全以隐形技术设计的飞机，引导世界军事科技进入了隐形时代。该型机在世界航空史上具有重要的里程碑意义，其总设计师还因此获得了美国国家航空航大协会的最高奖励——罗伯特·科利尔奖。按照 1983 年的币值，F-117 攻击机的单机造价高达 4260 万美元。不过，虽然 F-117 攻击机的隐身性能出色，但其他方面的性能却有所薄弱，这也导致 F-117 攻击机的服役时间不长。

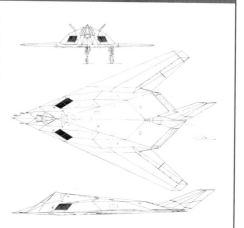

建造历程

F-117 攻击机的研制工作始于 20 世纪 70 年代中期，一共制造了 5 架原型机，1981 年 6 月 15 日试飞定型，次年 8 月 23 日开始向美国空军交付，一共交付了 59 架生产型。F-117 攻击机服役后一直处于保密状态，直到 1988 年 11 月 10 日，美国空军才首次公布了它的照片。1989 年 4 月，F-117 攻击机在内华达州的内利斯空军基地公开面世。值得一提的是，一名资深的 F-117 攻击机研发团队成员曾在电视节目里表示，以 F 命名的军用

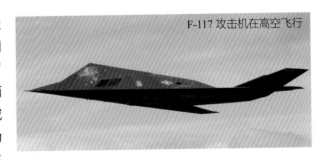

F-117 攻击机在高空飞行

航空器比较容易吸引顶尖一流的美国空军飞行员，以"A"或"B"来命名反而不具吸引力。这或许是"夜鹰"身为攻击机却以F命名的重要原因之一。

机体构造

F-117 攻击机的外形与众不同，整架飞机几乎全由直线构成，连机翼和V形尾翼也都采用了没有曲线的菱形翼型。整个机身干净利索，没有任何明显的凸出物，除了机头的 4 个多功能大气数据探头外，就连天线也设计成可上下伸缩。为了降低电磁波的发散和雷达截面积，F-117 攻击机没有配备

雷达。诸如此类的设计大幅提高了隐身性能，但也导致F-117 攻击机气动性能不佳、机动能力差、飞行速度慢等缺点。

停机坪中的 F-117 攻击机

战斗性能

F-117 攻击机可进行空中加油，加油口位于机身背部。该机的 2 个武器舱拥有 2300 千克的装载能力，理论上可以携带美国空军军械库内的任何武器，包括 B61 核弹。少数炸弹因为体积太大，或与 F-117 攻击机的系统不兼容而无法携带。

F-117"夜鹰"攻击机在山区飞行

趣闻逸事

　　在电视剧《X档案》以及《星际之门：SG-1》中，F-117攻击机和B-2轰炸机都被指责是使用了外星人科技制造出来的，这两种飞机的最初研发基地是在51区。

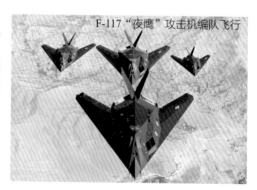

F-117"夜鹰"攻击机编队飞行

动力系统

　　F-117攻击机的动力系统同样专门为隐身做了细致周全的设计，采用了两台通用电气公司的F404-GE-F1D2非加力涡扇发动机，单台推力47千牛。发动机装有由森德斯特兰德公司研制的空气涡轮启动器，在座舱后部，位于机身背部有可收放空中加油受油口，在座舱顶部有夜间加油照明灯。此外，F-117攻击机的内部武器舱可选挂副油箱。F-117攻击机后期逐渐换装了推力更大的F412涡扇发动机，其原本是给A-12隐身攻击机使用的，但A-12计划被取消。由于推力加大，F-117攻击机的速度也增大至接近音速。

航空电子

F-117 攻击机为了降低研发成本，其电子设备、自动控制系统以及其他一些部分来源于 F-16、F/A-18 及 F-15E 等机型，为了保密，这些零部件以备件名义在预算上出现。其主要设备包括 IBM 公司的 AP-102 任务计算机；得克萨斯仪表公司的下视红外传感器和激光指示器，以及双视场的前视红外传感器；霍尼韦尔公司的 SPN-GEANS 惯 性 导 航 系 统（自 1991 年 已 被

F-117 攻击机起飞

F-117 攻击机的尾翼

H-423/E 环形激光陀螺仪取代）和雷达高度表，高精确性的惯性导航装置，扩展的数据传输系统和高度 / 方向参考系统，以及 GPS 和数字式活动地图；座舱内装有基于凯撒公司 AN/AVQ-28 的平视显示器，大屏幕前视红外下视多功能显示器，其两侧有两个多功能阴极射线管。

F-117 攻击机没有配备火控雷达，主要靠位于挡风玻璃下面的双视场前视红外传感器进行探测和火控瞄准。该传感器窗口保形布置，覆盖有细小格栅，起到电磁屏蔽的作用，从而使得窗口与机体表面形成一个相对于电磁波而言平整的整体，降低了雷达横截面。F-117 攻击机装有通用电气公司的飞控计算机 / 导航接口和自动驾驶计算机（NIAC）系统，该整合精密导

引和攻击系统的数字化飞航控制装置，其自动任务规划系统可以协调所有的攻击任务，计算出攻击路线，并且自动执行，包含武器的释放。目标可借由红外线热成像仪确认，并利用镭射测量距离和标定镭射导引炸弹的目标。

F-117 攻击机驾驶舱外部特写

F-117 攻击机驾驶舱内部特写

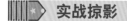

实战掠影

1989 年 12 月 20 日，为了支援美国陆军在巴拿马里奥阿托的空降作战，美国空军首次出动 F-117 攻击机参战。美国空军第 37 战术战斗机联队的 6 架 F-117 攻击机从内华达州的托诺帕空军基地起飞前往巴拿马，飞行 18 小时，途中加油 4 ～ 5 次。其中 2 架 F-117 攻击机轰炸了里奥阿托军营，各投下 1 枚 908 千克重的激光制导炸弹。另外 4 架 F-117 攻击机，有 2 架留作备用，另外 2 架当得知他们的目标不需要轰炸时，中途返回基地。

海湾战争中，F-117 攻击机在"沙漠风暴"行动期间执行危险性大的任务达 1271 次，而无一受损。在多种参战飞机中，唯有 F-117 攻击机承担了攻击巴格达市区目标的任务。F-117 攻击机的出勤率也很高，按照小队的任务计划，飞行员值班长达 24 小时，休息 8 ～ 12 小时，再飞两个夜间任务。每个飞行员每夜只飞一次任务，但一架 F-117 攻击机则往往每夜要出击两次。

据统计，在整个战争期间，F-117 攻击机承担了攻击目标总数的 40%，投弹命中率为 80% ～ 85%。

停放在跑道上的 F-117 攻击机

F-117 攻击机降落时打开减速伞

F-117 攻击机侧面视角

AV-8B "海鹞 II" 攻击机

　　AV-8B "海鹞 II" 攻击机是美国麦克唐纳·道格拉斯公司生产的舰载垂直 / 短距起降攻击机，于 1985 年开始服役。

排名依据

AV-8B 攻击机是目前世界上最先进的亚音速垂直 / 短距起降攻击机，在美国海军舰载机中占有重要地位。按照 1996 年的币值，AV-8B 攻击机的单机造价约 3000 万美元。该型机的优点是可以机动、灵活、分散配置，不依赖永久性基地。其缺点是 AV-8B 攻击机的载弹量小，而且操作较复杂，事故率较高。

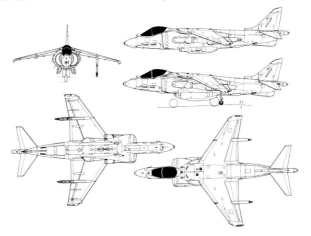

建造历程

AV-8B 攻击机不是由美国自行研发的机种，而是美军现役中极少数从国外引进、取得生产权的武器系统。该型机的原始设计源自英国的"鹞"式攻击机，在美国生产的编号为 AV-8A，用作近距离的空中支援和侦察。有鉴于 AV-8A 攻击机的性能不能完全满足美国海军陆战队的需要，尤其是在载弹量方面。于是，麦克唐纳·道格拉斯公司和英国宇航公司对其进行了改进，将 AV-8A 攻击机改进上升为 AV-8B 攻击机。AV-8B 攻击机的生产型于 1981 年 11 月首次试飞，1985 年正式服役。

"尼米兹"级航空母舰上的 AV-8B 攻击机

▌▌▌▶ 机体构造

　　AV-8B 攻击机采用悬臂式上单翼，机翼后掠，翼根厚，翼稍薄。机翼下装有下垂副翼和起落架舱，两翼下各有一较小的辅助起落架，轮径较小，起飞后向上折叠。AV-8B 攻击机在减重上下了很大工夫，其中采用复合材料主翼是主要改进项目之一。据估计，以复合材料制造的主翼要比金属做的同样的主翼减轻了 150 千克。AV-8B 攻击机的机身前段也使用了大量的复合材料，估计减掉了 68 千克的重量。其他采用复合材料的部分包括升力提升装置、水平尾翼、尾舵，垂直尾翼、主翼与水平尾翼的前缘及翼端、机身中段及后段等部分使用金属材料。

AV-8B 攻击机正面视角

▌▌▌▶ 战斗性能

　　AV-8B 攻击机安装了前视红外探测系统，夜视镜等夜间攻击设备，夜间战斗能力很强。该型机的起飞滑跑距离不到 F-16 战斗机的 1/3，适合前线使用。AV-8B 攻击机的机身下有 2 个机炮 / 弹药舱，各装 1 门 5 管 25 毫米机炮，备弹 300 发。该型机还有 7 个外挂挂架，可挂载 AIM-9L "响尾蛇" 导弹、AGM -65 "小牛" 导弹，以及各类炸弹和火箭弹。

AV-8B 攻击机在高空飞行

趣 闻 逸 事

　　1996 年，美国百事可乐的广告中把 AV-8B 作为积分大奖的终极奖品，需要 700 万个积分兑换，而达到这么高的积分需要购买约 1680 万瓶可乐赢得积分或花费约 70 万美元购买积分（因为活动规则允许达到 15 个积分后购买积分）。最终美国大学生莱昂纳德用 15 个积分和 70 万美元达成了这一要求，但是百事可乐拒绝兑现，于是莱昂纳德聘请律师与百事可乐对簿公堂，而百事可乐的辩护律师认为"没有普通人会真的相信可以兑换一架战斗机"。最终法院判决莱昂纳德败诉，而百事可乐也退还了莱昂纳德的所有花费，撤下了这个广告。

AV-8B 攻击机仰视角

动力系统

　　AV-8B 攻击机采用 1 台罗尔斯·罗伊斯"飞马"F402-RR-408 推力转向涡扇发动机，推力 95.86 千牛。1986 年，开始加装余度数字式发动机控制系统，以机械控制作为备份。该发动机采用无切口式前喷管，进气道唇口成椭圆形。前缘进行了加固以防鸟撞，设有单排辅助进气门。机翼中设有整体油箱，内部总装油量 4163 升。该机装有可收放式空中受油杆。垂尾根部设有机背进气口，供设备舱冷却系统之用。后部机身下部有腹鳍。垂直起飞时最大有效载荷约 3062 千克，可携带燃油、武器和弹药，以及供发动机喷水时使用的水。短距起飞时最大有效载荷 7710 千克。

AV-8B 攻击机进行空中加油

AV-8B 攻击机尾部视角

航空电子

　　AV-8B 攻击机的机载设备包括 2 台柯林斯公司的 RT-1250A/ARC 超高频 / 甚高频通信电台，R-1379B/ARA-63 全天候着陆接收机，RT-1159A/ARN-118 塔康，RT-1015A/APN-194(V) 雷达高度表，霍尼韦尔公司的 CV-3736/A 通信 / 导航 / 识别数据转换器，本迪克斯公司 RT-1157/APX-100 敌我识别器，利顿公司的 AN/ASN-130A 惯性导航系统，加雷特航空研究公司 CP-1471/A 数字式大气数据计算机，史密斯工业公司苏 -128/A 双层玻璃平视显示仪和 CP-1450/A 显示计算机，凯撒公司的 IP-1318/A 数字式阴极射线管显示指示器，费伦第公司的地图显示器。

AV-8B 攻击机头部视角

AV-8B 攻击机驾驶舱内部

实战掠影

　　AV-8B 攻击机首次参加实战是"沙漠风暴"行动，参战的 AV-8B 攻击机有 86 架，其中 VMA-311、VMA-513、VMA-231 和 VMA-542 四个中队的 60 架首先部署在距离科威特边境 183 千米的沙特阿吉斯海军基地的机场，2 月 18 日以后部分进驻距科威特边境 68 千米的塔那斯基夫前线机场。VMA-223 和 VMA-331 中队则分别布置在"塔拉瓦"号（LHA-1）和"拿骚"号（LHA-4）两栖攻击舰上。整个海湾战争中，86 架 AV-8B 攻击机累计出动 3342 架次、4317 飞行小时，投射了 2700 吨以上的弹药（包括少量 GBU-12 激光制导炸弹和 AGM-65E 近距激光制导空地导弹）。损失数量为 5 架（全部是被防空火力击落）。

在高空飞行的 AV-8B 攻击机

满载武器的 AV-8B 攻击机

停放在基地中的 AV-8B 攻击机

Chapter 04

轰炸机

　　轰炸机具有突击能力强、航程远、载弹量大、机动性高等特点，是航空兵实施空中突击的主要机种。本章详细介绍了轰炸机制造史上影响力最大的 10 种型号，并根据核心技术、综合性能、单位造价、建造数量等因素进行了客观、公正的排名。

整体展示

投产量、运用方、服役时间和生产厂商

TOP 10 "勇士"轰炸机	
投 产 量	107 架
运 用 方	英国空军
服役时间	1955 年至 1965 年
生产厂商	维克斯•阿姆斯特朗公司

TOP 9 "火神"轰炸机	
投 产 量	136 架
运 用 方	英国空军
服役时间	1956 年至 1984 年
生产厂商	阿芙罗公司

TOP 8 "胜利者"轰炸机	
投 产 量	86 架
运 用 方	英国空军
服役时间	1958 年至 1993 年
生产厂商	汉德利•佩季公司

TOP 7 "幻影IV"轰炸机	
投 产 量	66 架
运 用 方	法国空军
服役时间	1964 年至 1996 年
生产厂商	达索航空公司

TOP 6 图 -22M "逆火" 轰炸机	
投 产 量	497 架
运 用 方	俄罗斯空军、乌克兰空军
服役时间	1972 年至今
生产厂商	图波列夫设计局

TOP 5 B-52 "同温层堡垒" 轰炸机	
投 产 量	744 架
运 用 方	美国空军
服役时间	1955 年至今
生产厂商	波音公司

TOP 4 图 -95 "熊" 轰炸机	
投 产 量	500 架
运 用 方	俄罗斯空军、乌克兰空军
服役时间	1956 年至今
生产厂商	图波列夫设计局

TOP 3 B-1B "枪骑兵" 轰炸机	
投 产 量	104 架
运 用 方	美国空军
服役时间	1986 年至今
生产厂商	北美航空公司

TOP 2 图 -160 "海盗旗" 轰炸机	
投 产 量	167 架
运 用 方	俄罗斯空军
服役时间	1987 年至今
生产厂商	图波列夫设计局

TOP 1　B-2 "幽灵" 轰炸机	
投产量	21 架
运用方	美国空军
服役时间	1997 年至今
生产厂商	诺斯洛普·格鲁曼公司、波音公司

机体尺寸

TOP 10 "勇士" 轰炸机

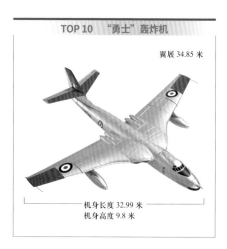

翼展 34.85 米

机身长度 32.99 米
机身高度 9.8 米

TOP 9 "火神" 轰炸机

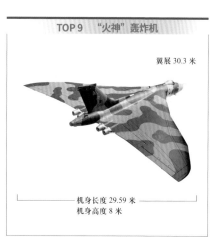

翼展 30.3 米

机身长度 29.59 米
机身高度 8 米

TOP 8 "胜利者" 轰炸机

翼展 33.53 米

机身长度 35.05 米
机身高度 8.57 米

TOP 7 "幻影IV" 轰炸机

翼展 11.85 米

机身长度 23.49 米
机身高度 5.4 米

TOP 6　图-22M"逆火"轰炸机

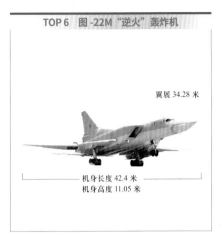

翼展 34.28 米

机身长度 42.4 米
机身高度 11.05 米

TOP 5　B-52"同温层堡垒"轰炸机

翼展 56.4 米

机身长度 48.5 米
机身高度 12.4 米

TOP 4　图-95"熊"轰炸机

翼展 50.1 米

机身长度 46.2 米
机身高度 12.12 米

TOP 3　B-1B"枪骑兵"轰炸机

翼展 42 米

机身长度 44.5 米
机身高度 10.4 米

TOP 2　图-160"海盗旗"轰炸机

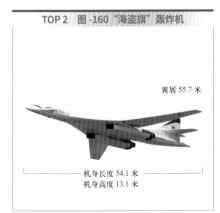

翼展 55.7 米

机身长度 54.1 米
机身高度 13.1 米

TOP 1　B-2"幽灵"轰炸机

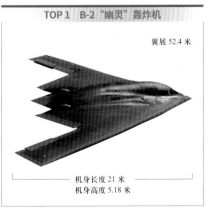

翼展 52.4 米

机身长度 21 米
机身高度 5.18 米

● 基本战斗性能对比

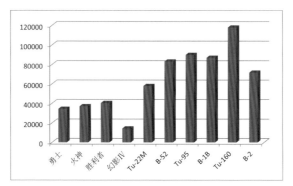

空重对比图（单位：千克）

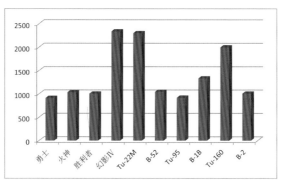

最大速度对比图（单位：千米／时）

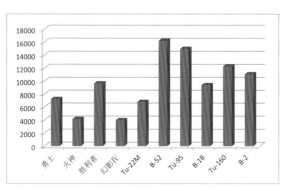

最大航程对比图（单位：千米）

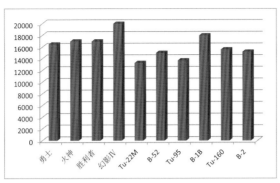

实用升限对比图（单位：米）

"勇士"轰炸机

"勇士"轰炸机是英国维克斯·阿姆斯特朗公司研制的战略轰炸机，于1955年开始服役，1965年退出现役。

排名依据

按照1953年的币值，"勇士"轰炸机的单机造价约40万英镑。与"胜利者"轰炸机和"火神"轰炸机相比，"勇士"轰炸机的设计比较保守，但作为英国第一服役的喷气式轰炸机，它仍有不少可取之处，在服役期间也保持了良好的安全记录。

建造历程

　　1947 年 1 月，英国空军部向英国各大飞机制造商发出了方案征集邀请，目标是研制一种可以和美国、苏联所拥有的同类型战机相媲美的喷气式中程轰炸机。由于汉德利•佩季公司和阿芙罗公司两家提出的方案难分伯仲，于是就作为双保险被一并采纳，这就是日后大名鼎鼎的"3V 轰炸机"中的两位主力成员："胜利者"轰炸机和"火神"轰炸机。

　　然而，另一家竞争者维克斯•阿姆斯特朗公司却不甘心就此放弃，其首席设计师乔治•爱德华兹向英国空军部许诺，维克斯•阿姆斯特朗公司能够在 1951 年交付原型机，1953 年就可以投入批量生产。在更先进的轰炸机服役之前，维克斯•阿姆斯特朗公司完全可以帮助英国空军渡过难关。于

是，在"胜利者"轰炸机和"火神"轰炸机之外，英国又有了第三种用途基本相同的轰炸机——"勇士"轰炸机。第一架生产型"勇士"轰炸机在 1953 年 12 月首次试飞，1955 年 1 月交付英国空军使用。

航展上的"勇士"轰炸机

机体构造

　　"勇士"轰炸机采用悬臂式上单翼设计，在两侧翼根处各安装有 2 台"埃汶"发动机。该型机的机翼尺寸巨大，所以翼根的相对厚度被控制在 12%，以利于空气动力学。"勇士"轰炸机的机组成员为 5 人，包括正、副驾驶、2 名领航员和 1 名电子设备操作员。所有的成员都被安置在 1 个蛋形的增压舱内，不过只有正、副驾驶员拥有弹射座椅，所以在发生事故或被击落时，其他机组成员只能通过跳伞逃生。

"勇士"轰炸机准备起飞

战斗性能

　　"勇士"轰炸机可以在弹舱内挂载 1 枚 4500 千克的核弹或者 21 枚 450 千克常规炸弹。此外，它还可以在两侧翼下各携带 1 个 7500 升的副油箱，用于增大飞机航程。"勇士"轰炸机的发动机保养和维修比较烦琐，且一旦某台发动机发生故障，还会影响到紧邻它的另一台发动机。

停机坪中的"勇士"轰炸机

趣 闻 逸 事

　　"勇士"轰炸机曾经与"火神"轰炸机和"胜利者"轰炸机一起构成英国战略轰炸机的三大支柱，合称"3V 轰炸机"（三种轰炸机的名称首字母都是 V）。

"勇士"轰炸机侧面视角

TOP 9 "火神"轰炸机

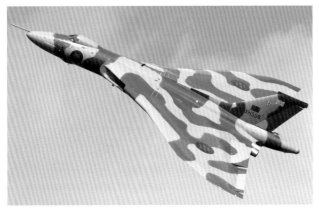

　　"火神"轰炸机是英国阿芙罗公司研制的一款战略轰炸机，于 1956 年开始服役，1984 年退出现役。

排名依据

　　"火神"轰炸机是英国空军在二战后装备的三种战略轰炸机之一，也是世界上最早的三角形机翼轰炸机。按照1956年的币值，"火神"轰炸机的单机造价约75万英镑。该型机是20世纪60年代英国战略打击力量的中坚，直到20世纪70年代还肩负核打击使命。此外，"火神"轰炸机还执行过海上侦察任务，甚至被改装为空中加油机。该型机还参加了1982年马岛战争，千里奔袭轰炸马岛阿军机场，创下了多项世界纪录。

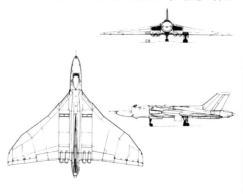

建造历程

　　"火神"轰炸机起源于1947年英国空军部的高空远程核打击轰炸机招标，当时阿芙罗公司提交了698型方案。由于698型方案符合英国空军部的要求，双方在1947年签订了研制合同，内容包括制造1架模型机、几架试验机以及两架原型机。1952年8月，"火神"轰炸机第一架原型机首次试飞。1956年夏季，"火神"轰炸机生产型投入使用。

"火神"轰炸机在低空飞行

机体构造

　　"火神"轰炸机采用三角形机翼，垂尾较大，没有平尾。发动机为4台"奥林巴斯"301型喷气发动机，安装在翼根位置，进气口位于翼根前缘。"火神"轰炸机拥有面积很大的一副悬臂三角形中单翼，前缘后掠角50度。

机身断面为圆形，机头有一个较大的雷达罩，上方是凸出的座舱顶盖。座舱内坐有正、副驾驶员、电子设备操作员、雷达操作员和领航员，机头下有投弹瞄准镜。前三点起落架可收入机内，主起落架为四轮小车型。

仰视"火神"轰炸机

战斗性能

　　"火神"轰炸机的机腹中有1个长8.5米的炸弹舱，其首要任务是核打击，当然也能实施常规轰炸，通常的挂载方案是21枚450千克炸弹，挂载在弹舱内的三个串列挂架上，投弹时交错投放以保持重心平衡。执行核打击任务时，"火神"轰炸机可挂载"蓝色多瑙河""紫罗兰俱乐部""黄日"和"红胡子"等核弹。

"火神"轰炸机后方视角

趣 闻 逸 事

　　1982年4月马岛战争爆发，英国空军第101中队的5架"火神"轰炸机参加了"黑羊行动"，这次行动极为疯狂，"火神"轰炸机将从大西洋中部的阿森松岛怀德阿威克机场起飞轰炸马岛。尽管"黑羊行动"并没有对敌军造成什么实质性的损失，但"火神"轰炸机发挥了巨大的恐吓和牵制作用，被认为是英军获得最终胜利的重要因素之一。

"火神"轰炸机降落

"胜利者"轰炸机

　　"胜利者"轰炸机是英国汉德利·佩季公司研制的四发战略轰炸机，于 1958 年开始服役，1993 年退出现役。

排名依据

　　按照 1963 年的币值，"胜利者"轰炸机的单机造价约 40 万英镑。作为"3V轰炸机"中最后服役的型号，"胜利者"轰炸机的弹舱容积比"勇士"轰炸机和"火神"轰炸机更大，提供了更好的传统武器搭载能力与特殊弹药搭载弹性。

建造历程

汉德利·佩季公司曾在二战中成功推出"哈利法克斯"轰炸机，战争结束后，汉德利·佩季公司开始将目光投向新式的先进轰炸机，英国空军部对此颇感兴趣。1949 年，英国空军部与汉德利·佩季公司签订了原型机研制合同，共制造了 2 架原型机。在汉德利·佩季公司内部，最初的设计编号为 HP.75，后期发展成为 HP80，最后定名为"胜利者"轰炸机。该型机于 1952 年 12 月 24 日首次试飞，1958 年 4 月开始服役。

展览中的"胜利者"轰炸机

机体构造

"胜利者"轰炸机采用月牙形机翼和高平尾布局，4 台发动机位于翼根，采用两侧翼根进气。由于机鼻雷达占据了机鼻下部的非密封隔舱，座舱一直延伸到机鼻，给驾驶员提供了更大的空间和更佳的视野。该型机的机身采用全金属半硬壳式破损安全结构，中部弹舱门用液压开闭，尾锥两侧是液压操纵的减速板。尾翼为全金属悬臂式结构，采用带上反角的高平尾，以避开发动机喷流的影响。垂尾和平尾前缘均采用电热除冰。

"胜利者"轰炸机侧面视角

战斗性能

"胜利者"轰炸机没有固定武器，可在机腹下半埋式挂载 1 枚"蓝剑"

核导弹，或在弹舱内装载 35 枚
454 千克常规炸弹，也可在机
翼下挂载 4 枚美制"天弩"空
对地导弹（机翼下每侧 2 枚）。
该型机的动力装置为 4 台阿姆
斯特朗"蓝宝石"发动机，单
台推力为 49.27 千牛。

"胜利者"轰炸机准备起飞

趣闻逸事

　　1954 年 7 月 14 日，"胜
利者"轰炸机的第一架原型机在
一次低空掠过跑道时，尾翼突然
断裂，飞机当场坠毁，空勤组人
员无一生还。

"胜利者"轰炸机正面视角

7 TOP　　"幻影IV"轰炸机

　　"幻影IV"轰炸机是法国达索航空公司研制的一款双发超音速战略轰
炸机，1964 年 10 月开始服役，于 1996 年退出现役。

排名依据

"幻影Ⅳ"轰炸机主要用于携带核弹或核巡航导弹高速突破防守，攻击敌方战略目标。该型机体形较小，堪称世界上最小巧的超音速战略轰炸机。总体来说，"幻影Ⅳ"轰炸机尽管很有特色，但与美国、苏联先进战略轰炸机相比，明显偏小的体形难以形成强大的威慑力。

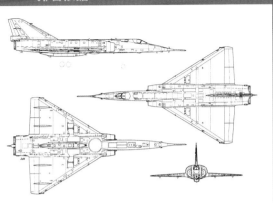

建造历程

1956 年，法国为了建立独立的核威慑力量，在优先发展导弹的同时，也由空军负责研制一种能携带原子弹执行核攻击的轰炸机。南方飞机公司和达索航空公司展开了竞争，前者推出了轻型轰炸机"秃鹰Ⅱ"的改进型"超秃鹰 4060"轰炸机，后者研制了"幻影Ⅲ"战斗机的发展型"幻影Ⅳ"轰炸机。法国空军最后选中了"幻影Ⅳ"轰炸机，该型机于 1959 年 6 月 17 日首次试飞，1964 年 10 月 1 日开始服役。

基地中的"幻影Ⅳ"轰炸机

机体构造

"幻影Ⅳ"轰炸机沿用了"幻影"系列传统的无尾大三角翼的布局，机翼为全金属结构的悬臂式三角形中单翼，前缘后掠角 60 度，主梁与机身垂直，后缘处有 2 根辅助梁，与前缘大致平行。机身为全金属半硬壳

式结构，机头前端是空中受
油管。机身前端下方是前起
落架舱，起落架为液压收放
前三点式，前起落架为双轮，
可操纵转向，向后收入机身。
主起落架采用四轮小车式，
可向内收入机身。

博物馆中的"幻影Ⅳ"轰炸机

战斗性能

　　"幻影Ⅳ"轰炸机基本型的主要武器为半埋在机腹下的 1 枚 AN-11 或 AN-22 核弹，或 16 枚 454 千克常规炸弹，或 1 枚 ASMP 空对地核打击导弹。虽然"幻影Ⅳ"轰炸机装备时间比美国和苏联的同类型飞机（如美国 B-58"盗贼"轰炸机、苏联图 -22"眼罩"轰炸机）服役时间稍晚，但都属于同一时代背景下的产物。B-58 轰炸机在航程和载弹量上都不符合美国的核战略思想，所以很快就被撤装了。因此在20 世纪 60 ～ 70 年代，西方国家只有"幻影Ⅳ"轰炸机能在质量和技术上与图 -22 轰炸机相抗衡，并且各项指标及性能都远在它之上。

仰视"幻影Ⅳ"轰炸机

趣闻逸事

　　"幻影Ⅳ"轰炸机可以说浓缩了当时法国航空工业的精华，在此前法国从来没有生产过如此先进的武器，仅仅只是在战斗机研制和生产上有所心得，于是法国不得不在现有技术上加以改进。法国航空工业充分发挥潜力，创造了一项世界纪录，直接将战斗机放大来设计轰炸机。在成本上，"幻影Ⅳ"轰炸机的机体原材料占总费用的 6.5%，加工工时占 26%，发动机占到 17%，而电子设备则占了 50.5%。

跑道上的"幻影Ⅳ"轰炸机

图 -22M "逆火" 轰炸机

图 -22M "逆火"轰炸机是苏联图波列夫设计局研制的超音速战略轰炸机，1972 年开始服役。

排名依据

图 -22M 轰炸机具有核打击、常规攻击以及反舰能力，良好的低空突防性能，使其生存能力大大高于苏联以往的轰炸机。该型机是目前世界上列装的轰炸机中飞行速度最快的一种，有着无可比拟的巨大威慑力，至今仍是俄罗斯轰炸机部队的主力机型之一。

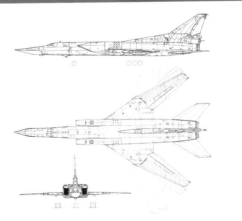

建造历程

图 -22M 轰炸机的前型图 -22 "眼罩" 轰炸机是苏联第一种超音速轰炸机，性能和航程不太令人满意，飞机加满油和导弹后，根本无法进行超音速飞行，就算到达目标附近时其速度达到 1.5 马赫，也无法有效规避当时北约的战机和防空导弹的拦截。因此，苏军对此轰炸机并不满意，只是少

图 -22M 轰炸机降落

量装备，并责成各设计局开发下一代超音速轰炸机来取代图 -16 和图 -22。1967 年 11 月，图波列夫设计局的方案被选中，其最终成果就是图 -22M 轰炸机。该型机于1969 年 8 月首次试飞，1972 年正式服役。

机体构造

图 -22M 轰炸机的机身为普通半硬壳结构，机翼前的机身截面为圆形。该型机最大的特色在于变后掠翼设计，低单翼外段的后掠角可在 20 度～ 55

图 -22M 轰炸机侧前方视角

度之间调整，垂尾前方有长长的脊面。在轰炸机尾部设有个雷达控制的自卫炮塔。起落架为可收放前三点式，主起落架为多轮小车式，可向内收入机腹。

战斗性能

图 -22M 轰炸机的机载设备较新，包括具有陆上和海上下视能力的远距探测雷达。该机装有 1 门 23 毫米双管机炮，机翼和机腹下可挂载 3 枚 Kh-22 空对地导弹，机身武器舱内有旋转发射架，可挂载 6 枚 RKV-500B 短距攻击导弹，也可挂载各型精确制导炸弹，如 69 枚 FAB-250 炸弹或 8 枚 FAB-1500

炸弹。图 -22M 轰炸机的动力装置为 2 台并列安装的大推力发动机，其中图 -22M2 型使用的是 HK-22 涡扇发动机，图 -22M3 型则使用 HK-25 涡扇发动机。

图 -22M "逆火" 轰炸机起飞

趣闻逸事

苏联以大量反舰导弹攻击美军航空母舰战斗群的战术让美国忌惮不已，在美国小说与电影中，多次出现苏联使用图 -22M 轰炸机执行上述战术，例如，电影《恐惧的总和》。事实上，美军的 AIM-54 "不死鸟" 导弹、F-14 "雄猫" 战斗机、"宙斯盾" 战斗系统都是为应对这样的战术而生。

仰视图 -22M 轰炸机

5 TOP B-52 "同温层堡垒" 轰炸机

B-52 "同温层堡垒" 轰炸机是美国波音公司研制的八发远程战略轰炸机，1955 年开始服役，用于替换 B-36 "和平缔造者" 轰炸机执行战略轰炸任务。

排名依据

B-52 轰炸机是美国战略轰炸机中唯一可以发射巡航导弹的机种，按照 2012 年的币值，B-52H 型的单机造价约 8400 万美元。该机服役时间极长，时至今日已经超过半个世纪，但它仍然是美国空军战略轰炸的主力，美国空军还计划让其持续服役至 2050 年。

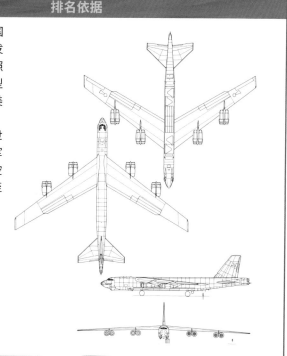

建造历程

B-52 轰炸机于 1948 年提出设计方案，1952 年第一架原型机首飞，1955 年批量生产型开始交付使用，先后发展了 B-52A、B-52B、B-52C、B-52D、B-52E、B-52F、B-52G、B-52H 等机型。由于 B-52 轰炸机的升限最高可处于地球同温层，所以被称为"同温层堡垒"。1962 年，B-52 轰炸机停止生产，前后共生产了 744 架。

B-52 轰炸机降落

机体构造

B-52 轰炸机的机身结构材料为细长的全金属半硬壳式，侧面平滑，截面呈圆角矩形。前段为气密乘员舱，中段上部为油箱，下部为炸弹舱，空中加油受油口在前机身顶部。后段逐步变细，尾部是炮塔，其上方是增压的射击乘员舱。动力装置为 8 台普惠 TF33-P-3/103 涡扇发动机，以 2 台为一组分别吊装于两侧机翼之下。

B-52 轰炸机准备起飞

B-52 轰炸机在高空飞行

战斗性能

B-52 轰炸机装有 1 门 20 毫米 M61 "火神" 机炮，另外还可以携带 31500 千克各型常规炸弹、导弹或核弹，载弹量非常大。Mk 28 核炸弹是 B-52 轰炸机的主战装备，在弹舱内特制的双层挂架上可以密集携带 4 枚，分两层各并列放置 2 枚。为增强突防能力，B-52 轰炸机还装备了 AGM-28 "大猎犬" 巡航导弹。

俯视 B-52 轰炸机

趣闻逸事

在海湾战争中，美国空军装备的 B-52G 轰炸机全程参加了对伊拉克的空袭作战。42 天中总共出动了 1624 架次，投弹 25700 吨，包括 72000 枚炸弹，占美国总投弹量的 29% 和美国空军总投弹量的 38%。

B-52 轰炸机侧前方视角

TOP 4 图 -95 "熊" 轰炸机

图 -95 "熊" 轰炸机是苏联图波列夫设计局研制的远程战略轰炸机，1956 年开始服役，截全 2020 年仍然在役。

排名依据

图 -95 轰炸机是世界上唯一服役的大型四涡轮螺旋桨发动机后掠翼远程战略轰炸机，其后期型号至今仍是俄罗斯的主力战略轰炸机。服役至今，图 -95 轰炸机已有 60 多年的历史，堪称军用飞机中的"老寿星"。这主要是因为它的体积与滞空能力形成了多种不同的功能性，以轰炸机的角度而言，图 -95 稍作改进便可具有不同用途，如运输机、侦察机，甚至是军用客机。

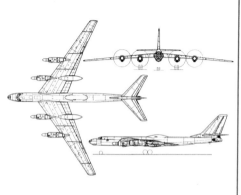

▌▌▌▷ 建造历程

图 -95 轰炸机于 1951 年开始研制，1954 年第一架原型机首次试飞，首批生产型于 1956 年开始交付使用。早期型生产了 300 多架，除作为战略轰炸机之外，还可以执行电子侦察、照相侦察、海上巡逻反潜和通信中继等任务。20 世纪 80 年代中期，图 -95 轰炸机又进行了大幅改进并恢复生产出新机型，即图 -95MS 轰炸机。

仰视图 -95 轰炸机

▌▌▌▷ 机体构造

图 -95 轰炸机采用后掠机翼，翼上装有 4 台涡轮螺旋桨发动机，每台发动机驱动 2 个大直径四叶螺旋桨。机身细长，翼展和展弦比都很大，平尾和垂尾都有较大的后掠角。机身为半硬壳式全金属结构材料，截面呈圆形。机身前段有透明机头罩、雷达舱、领航员舱和驾驶舱。后期改进型号取消了透明机头罩，改为安装大型火控雷达。起落架为前三点式，前起落架有 2 个机轮，并列安装。

图 -95 轰炸机在高空飞行

▌▌▌▷ 战斗性能

机载武器方面，图 -95 轰炸机在机尾装有 1 门或 2 门 23 毫米 Am-23

机炮，并能携挂 15000 千克的炸
弹和导弹，包括可使用 20 万吨当
量核弹头的 Kh-55 亚音速远程巡
航导弹。

俯视图 -95 轰炸机

趣闻逸事

　　1961 年 10 月 30 日早上 11 时 32 分，苏联在北冰洋新地岛群岛试爆了第 1
颗全世界有史以来最大的核武器：
"沙皇炸弹"。执行这一次试爆任
务的飞机是 1 架图 -95V 轰炸机，另
有 1 架图 -16 "獾" 式轰炸机作为
观测机。由于"沙皇炸弹"过于庞大，
弹体重达 27 吨，长度为 8 米，最大
直径为 2 米，所以图 -95V 轰炸机必
须将机休内的燃油槽与机腹炸弹舱
门移除才能执行任务。

图 -95 轰炸机正面视角

动力系统

　　图 -95 轰炸机的动力来源为 4 台库兹涅佐夫设计局研制的 NK-12 涡轮
螺旋桨发动机，装置在一个凸出于翼前缘的长条形发动机舱中，每台发动
机各驱动一组同轴反转螺旋桨，使得螺旋桨可以维持最大效率的同时，也
充分使用发动机提供的驱动力。图波列夫设计局又将图 -95 轰炸机的主翼
后掠 35 度，这样的设计使得图 -95 轰炸机保持任务执行中高速飞行的效率。
每台额定功率高达 11014 千瓦（14975 马力），推力为 11.77 千牛（1200
千克），耗油率为 0.326 千克 / 千瓦·小时（0.24 千克 / 马力·小时）。
机翼油箱连同机身油箱一起共可带燃油 74 吨。

航空电子

图 -95 轰炸机开始服役时，其火控系统在当时是十分先进的。机头装有轰炸瞄准雷达，频率范围估计为 14775 ～ 15225 兆周，搜索方位角范围 360 度或 45 度扇形，脉冲功率 65 千瓦，作用距离不大于 200 千米。该雷达为自动调频，改变频率的时间不超过 4 秒钟，可用于领航（与地面导航台配套）、轰炸和敌我识别询问应答。在受天气影响或受到干扰时，可与光学瞄准具交互使用来记录、侦听和照相，也可以与自动驾驶仪、计算机交联使用，按预定方案自动投弹。电子侦察设备装在弹舱内，天线集中于腹部或机头下的大鼓包里，可记录、侦听和照相。

图 -95 轰炸机的螺旋桨

图 -95 轰炸机的起落架

图 -95 轰炸机与米格 -29 战斗机

有时还装有"卡里"式电视侦察设备，可将地面情况用无线电传送回指挥部，作用距离约 250 千米。侦察和照相传送使用自动跟踪定向天线，将情报信息隐蔽在电视脉冲信号中发送。

图 -95 轰炸机驾驶舱内部

实战掠影

2014 年 4 月 15 日，俄罗斯军方的 6 架图 -95 轰炸机当天由 3 条路线沿着日本列岛周边飞行一周，每条路线上分别有 2 架，日本航空自卫队战机紧急升空应对。

2016 年 11 月，俄军出动图 -95MS 轰炸机，首次使用 X-101 巡航导弹在地中海上空对叙利亚的极端武装设施发起精准打击。这次行动从俄境内机场起飞，并完成了两次空中加油，航程超过 11000 千米。

博物馆中的图 -95 轰炸机

图 -95 轰炸机尾部机炮

图 -95 轰炸机仰视图

B-1B "枪骑兵" 轰炸机

B-1B "枪骑兵" 轰炸机是美国北美航空公司（现已被波音公司并购）研制的一款超音速可变后掠翼重型远程战略轰炸机，于 1986 年开始服役。

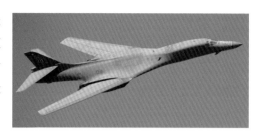

排名依据

B-1B 轰炸机是美国空军战略威慑的主要力量，也是美国现役数量最多的战略轰炸机。按照 1998 年的币值，B-1B 轰炸机的单机造价高达 2.83 亿美元。

建造历程

早在 20 世纪 50 年代末，美国空军就计划发展一种最高速度可达 3 马赫的战略轰炸机 XB-70，但该计划后来流产。在放弃 B-70 后，美国空军又计划发展一种以音速低空进攻为主的轰炸机。20 世纪 70 年代，北美航空提出以 B-70 的技术为基础研制 B-1 轰炸机，并造出 4 架 B-1A 原型机，并于 1974 年首次试飞，后由于造价昂贵遭到卡特总统取消。1981 年，里根总统上任后，美国空军恢复了订购。新的 B-1B 原型机于 1983 年 3 月首飞，1985 年开始批量生产。

B-1B 轰炸机在高空飞行

▌▌▌▶ 机体构造

B-1B 轰炸机的机身修长，前机身布置四座座舱，尾部安装有巨大的后掠垂尾，垂尾根部的背鳍一直向前延伸至机身中部。全动平尾安装在垂尾下方，位置较高。该机的机身中段向机翼平滑过渡，形成翼身融合，可增加升力减轻阻力。另外，机身的设计还注重降低雷达截面积，以降低被敌防空系统发现的概率。双轮前起落架有液压转向装置，向前收在机鼻下方的起落架舱中。主起落架安装在机腹下方发动机短舱之间，采用四轮小车式机轮，向上收入机腹。由于采用可变后掠翼，B-1B 轰炸机能从跑道长度较短的民用机场起飞作战。

俯视 B-1B 轰炸机

仰视 B-1B 轰炸机

▌▌▌▶ 战斗性能

B-1B 轰炸机有 6 个外挂点，可携挂 27000 千克炸弹。此外，该机还有 3 个内置弹舱，可携挂 34000 千克炸弹。得益于由前方监视雷达和自动操纵装置组合而成的地形追踪系统，B-1B 轰炸机在平坦的地面上可降低至 60 米的飞行高度。

B-1B 轰炸机及其挂载的武器

趣 闻 逸 事

在 2009 年美国科幻电影《变形金刚: 复仇之战》后半段，曾出现 B-1B 轰炸机以低空飞掠战场，并用联合直接攻击弹药（JDAM）轰炸躲藏在埃及废墟中的狂派机器人的剧情。

B-1B 轰炸机在高空飞行

动力系统

B-1B 轰炸机安装 4 台带加力的 F101-GE-102 涡扇发动机，每台最大推力 77.4 千牛，加力推力 136.9 千牛，发动机重量为 1814 千克，推重比 7.7。发动机安装在翼根下方的双联发动机短舱中，尾喷口有 12 片被称为"火鸡羽毛"的整流片，但在实际使用中"火鸡羽毛"被拆除以减重并降低维护复杂性。由于取消了 B-1A 轰炸机的 2 马赫的速度要求，所以 B-1B 轰炸机改用固定进气道，双联发动机短舱斜切进气口背靠背面向两侧，进气口内有一组挡板来折射雷达波，防止直接照射发动机风扇叶片。最初美国军方期望 B-1B 轰炸机在低空能达到 1.2 马赫的速度，这需要在机身结构的关键部位采用钛合金而不是铝合金。后来又把要求降低到 0.85 马赫后，可以最大限度地使用铝合金材料，从而降低了总成本。

B-1B 轰炸机侧面视角

B-1B 轰炸机尾翼特写

航空电子

　　B-1B 轰炸机具有复杂的航电系统，包括自动飞行控制系统，负责导航、武器管理和投放的进攻性航电系统（OAS）以及防御性航电系统（DAS）。OAS 是数字可编程系统，可在飞行中按任务要求重新规划。OAS 具备不借助任何光学和激光瞄准系统的传统炸弹的精准投放能力。OAS 的关键部分是其雷达系统，并没有单独的地形跟踪雷达，被并入主攻击雷达系统的一个独立的模式。B-1B 轰炸机安装 1 台单天线的威斯汀豪斯 APQ-164 雷达，雷达发展自 F-16 战斗机的 APQ-66 雷达，采用 1 个相控阵天线，呈一定倾角以把敌方雷达波向下反射，有 11 种模式。

　　DAS 系统是专门设计用来探测敌方雷达或导弹威胁的综合电子对抗套件，通过采取相应的对抗措施来保护飞机的安全，包括电子干扰或释放箔条和红外干扰弹等手段。DAS 由 4 个子系统组成：无线电频率监视 / 电子对抗系统、尾部告警系统、防御管理系统以及负责释放箔条和红外干扰弹的消耗性对抗系统。DAS 还包括在尾锥末端的 1 台自动脉冲多普勒雷达，用于探测从后方接近的敌导弹和飞机，一旦探测到目标，护尾雷达会向防御系统官（DSO）发出信号，并向每个乘员都发出警告音。该雷达还可按优先级排列多个威胁信号，由 DSO 决定采取哪种行动，可以是发射箔条／红外干扰弹，或进行规避机动。

B-1B 轰炸机头部特写

B-1B 轰炸机驾驶舱内部

实战掠影

　　2001 年 "9·11" 事件后，美国针对阿富汗塔利班武装和基地组织发动了 "持久自由" 军事行动。在战争初期，第 28 轰炸联队的 8 架 B-1B 轰炸机作为第 28 空中远征联队部署到印度洋上的迪戈加西亚岛。2001 年 12 月中旬，B-1B 轰炸机又从迪戈加西亚岛转场到阿曼的苏姆莱特空军基地。从 2001 年 10 月 7 日作战行动开始到美军占领坎大哈（塔利班的基地）两个月的时间里，B-52H 和 B-1B 轰炸机执行了美军 10% 的空中攻击任务，投放了 11500 枚武器。实际上，B-1B 轰炸机任务架次只占美军飞机架次的 5%，却投放了近 40% 的弹药。

B-1B 轰炸机弹仓内部

B-1B 轰炸机右侧视角

B-1B 轰炸机俯视图

图 -160 "海盗旗" 轰炸机

图 -160 "海盗旗" 轰炸机是苏联图波列夫设计局研制的可变后掠翼超音速远程战略轰炸机，于 1987 年开始服役。

排名依据

图 -160 轰炸机与美国 B-1B "枪骑兵" 轰炸机非常相似，它是苏联解体前最后一个战略轰炸机计划，同时是世界各国有史以来制造的最重的轰炸机。与 B-1B "枪骑兵" 轰炸机相比，图 -160 轰炸机不仅体型更大，速度也更快，最大航程也更远。在 1989 年至 1990 年，图 -160 轰炸机打破了 44 项世界飞行纪录。

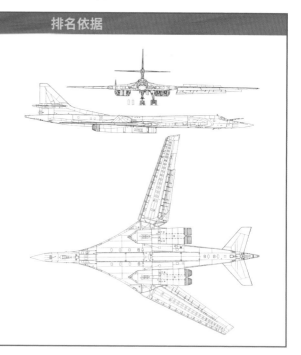

建造历程

20 世纪 70 年代，美国提出了 B-1 "枪骑兵" 轰炸机的制造计划，得知此消息后，苏联方面也不甘落后，开始筹划类似 "枪骑兵" 的新型轰炸机。

随后，图波列夫设计局在参考了 "枪骑兵" 轰炸机的设计后，融合自身的先进技术设计出了图 -160 "海盗旗" 轰炸机。该型机于 1981 年首次试飞，1987 年正式服役。

图 -160 轰炸机起飞

机体构造

与美国 B-1 轰炸机相比，图 -160 轰炸机的体型要大出近 35%。该机可变后掠翼在内收时呈 20 度角，全展开时呈 65 度角。襟翼后缘加上了双重稳流翼，可以减少翼面上表面与空气接触的面积，降低阻力。除了可变后掠翼之外，还具备可变式涵道，以适应高空高速下的进气方式。由于体积庞大，图 -160 轰炸机驾驶舱后方的乘员休息区中甚至还设有 1 个厨房。

仰视图 -160 轰炸机

战斗性能

图 -160 轰炸机没有安装固定武器，弹舱内可装载自由落体炸弹、短距攻击导弹或巡航导弹等武器。该机的作战方式以高空亚音速巡航、低空高亚音速或高空超音速突防为主。在高空时，可发射具有火力圈外攻击能力的巡航导弹。进行防空压制时，其可发射短距攻击导弹。另外，该机还可低空突防，用核炸弹或导弹攻击重要目标。

图 -160 轰炸机起飞

趣闻逸事

　　苏联解体前，多数图 -160 轰炸机布置在乌克兰境内。据报道，乌克兰从 1999 年年底开始将 8 架图 -160 轰炸机交给俄罗斯，用于抵偿欠俄罗斯的外债，另外附带 3 架图 -95MC 轰炸机和相关地面设施，还有 575 枚巡航导弹。此外，俄罗斯还在缓慢生产新的图 -160 轰炸机。

图 -160 轰炸机在高空飞行

动力系统

　　图 -160 轰炸机装有 4 台库兹涅佐夫 NK-321 加力涡扇发动机，单台最大推力 137.3 千牛，加力推力 245 千牛，发动机重量为 3400 千克，推重比 7.35。图 -160 轰炸机的 4 台发动机分别并列安装在靠近机身的两翼下，其发动机产生的推力大大超过 B-1B 轰炸机。B-1B 轰炸机装备的是通用电气公司的 F101-GE-102 加力涡轮风扇发动机，单台最大推力 77.4 千牛，加力推力 136.9 千牛。图 -160 轰炸机的发动机所产生的最大推力，相当于 B-1B 轰炸机开加力时的推力；开加力时的推力比 B-1B 轰炸机大 65%。图 -160 轰炸机的推重比为 0.36，而 B-1B 轰炸机的推重比为 0.3。

图 -160 轰炸机仰视图

图 -160 轰炸机尾翼特写

╟╢╟╢╟ ❯ 航空电子

　　图 -160 轰炸机安装有齐备的火控、导航系统，有能够在远距离预先发现地面和海上目标的预警雷达。此外该机还安装了光电瞄准具、地形跟踪系统、主动 / 被动的电子对抗系统和空中加油系统等。飞行操纵采用中央驾驶杆，驾驶舱内的仪表设备有传统的，也有机械电子的。在驾驶舱内还有休息室、厕所和食品加热柜等。

　　图 -160 轰炸机还装有攻击和防御用的电子设备，其体积和重量超过 B-1B 轰炸机。图 -160 轰炸机的机翼平面形状是从图 -22M "逆火" 轰炸机演变而

来的。但是，由于图 -160 轰炸机的发动机不像图 -22M 轰炸机装于机身之内而是装在机翼之下，因此它的机身也比图 -22M 轰炸机细长。固定翼的边条几乎延伸到头部，这样必然加大翼根的厚度，从而加大固定翼内的燃油容量。

图 -160 轰炸机头部特写

图 -160 轰炸机驾驶舱内部

实战掠影

　　2003 年 9 月 18 日，在俄罗斯萨拉托夫地区恩格斯空军基地附近，发生了 1 架图 -160 轰炸机坠毁的严重事故，4 名乘员全部丧生。事后俄罗斯停飞了所有图 -160 轰炸机。俄军称，引起事故的原因是 1 台新发动机着火。飞机上的乘员在事发时，驾驶该飞机远离了有 20000 人居住的村落和巨大的地下天然气储存设施，避免了一场严重的环境灾害。

　　2015 年 11 月，俄军出动 5 架图 -160、6 架图 -95MS、12 架图 -22M3 轰炸机对叙利亚境内恐怖组织发动攻击，共投掷了 144 枚炸弹、34 枚巡航导弹，这是图 -160 轰炸机首次用于实战。

图 -160 轰炸机和法国"幻影 2000"战斗机

图 -160 轰炸机进行空中加油

图-160 轰炸机腹部视角

B-2 "幽灵" 轰炸机

　　B-2 "幽灵" 轰炸机是美国诺斯洛普·格鲁曼公司和波音公司研制的一款隐身战略轰炸机，于 1997 年开始服役。

排名依据

　　B-2 轰炸机是目前世界上唯一的隐身战略轰炸机，按照 1997 年的币值，每架 B-2 轰炸机的造价高达 7.37 亿美元。若以重量计，服役初期 B-2 轰炸机的重量单位价格比黄金还要贵两至三倍。在 F-35 战斗机服役之前，B-2 轰炸机与 F-22 战斗机是世界上仅有的可以进行对地攻击任务的现役隐身战机。

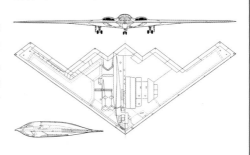

建造历程

　　1981 年 10 月 20 日，诺斯洛普 / 波音团队打败洛克希德 / 洛克威尔团队，赢得先进技术轰炸机（ATB）计划，在麻省理工学院科学家协助之下为美国空军研制生产新型轰炸机。1989 年 7 月，B-2 原型机首次试飞，之后又经历了军方进行的多次试飞和严格检验，生产厂家还不断根据空军所提出的种种意见而进行设计修改。1997 年，B-2 轰炸机正式服役。因造价太过昂贵和保养维护复杂的原因，B-2 轰炸机至今总共只生产了 21 架。

跑道上的 B-2 轰炸机

▌▌▌▶ 机体构造

　　B-2 轰炸机没有垂尾或方向舵，机翼前缘与后缘和另一侧的翼尖平行。飞机的中间部位隆起，以容纳座舱、弹舱和电子设备。中央机身两侧的隆起是发动机舱，每个发动机舱内安装 2 台无加力涡扇发动机。机身尾部后缘为 W 型锯齿状，边缘也与两侧机翼前缘平行。由于飞翼的机翼前缘在机身之前，为了使气动中心靠近重心，也需要将机翼后掠。

B-2 轰炸机侧面视角

▌▌▌▶ 战斗性能

　　由于采用了先进奇特的外形结构，B-2 轰炸机的可探测性极低，使其能够在较危险的区域内飞行，执行战略轰炸任务。该型机航程超过 10000 千米，而且具备空中加油能力，大大增强了作战半径。该机每次执行任务的空中飞行时间一般不少于 10 小时。美国空军称其具有"全球到达"和"全球摧毁"的能力，可在接到命令后数小时内由美国本土起飞，攻击全球大部分地区的目标。该机没有固定武器，最多可以携带 23000 千克炸弹。

俯视 B-2 轰炸机

趣闻逸事

在 2018 年动作冒险怪兽电影《狂暴巨兽》中，美国空军本来要用 B-2 轰炸机轰炸怪物，由美国海军 F/A-18 "大黄蜂"战斗 / 攻击机戒护，但是变种大猩猩乔治打赢了变种鳄鱼，确定怪物都死了，所以取消轰炸。

B-2 轰炸机起飞

▐▐▐▐▷ 动力系统

B-2 轰炸机中央机身两侧的发动机舱内安装了 4 台通用电气 F118-GE-110 非加力涡扇发动机，单台推力 77 千牛。F118 发动机是在 F101-X 发动机的基础上研制，后者是 B-1B 轰炸机的 F101 发动机的战斗机型号。与 F101 发动机相比，F101-X 发动机有较小的低压外涵机匣，将涵道比从 2：1 降到 0.87：1。低涵道比的发动机只需较小的进气和排气系统，

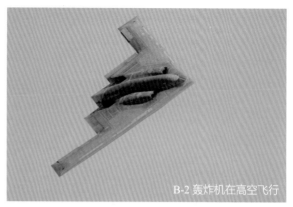

B-2 轰炸机在高空飞行

B-2 轰炸机的侧面轮廓与游隼相似

所以被 B-2 轰炸机选中。发动机进气口远离机翼前缘，以避免被来自下方的雷达波照射到。由于肥厚的飞翼结构，B-2 轰炸机可以把发动机深深地埋在飞翼内，飞翼的上表面的扁平的进气口和弯曲的进气道可以保证机载雷达无法从上方直接照射到发动机的正面，从下方就更不可能了。这样 B-2 轰炸机可以采用较简单的进气口，只需要在唇部作尖齿修形。

▐▐▐▐▷ 航空电子

B-2 轰炸机的导航系统最初由两套系统组成，每套都可以单独导航，但一起工作时精度会更高。一个是惯性测量单元，另一个是诺斯洛普 NAS-26

天文惯性单元。NAS-26 原本是为远程巡航导弹研制的，是 1 个带稳定基座的光电望远镜系统，可在阴天锁定预先选定的星星。该系统的观察窗口就在风挡左侧。

B-2 轰炸机的机载雷达为 AN/APQ-181 相控阵雷达，由休斯公司制造。这种相控阵有两个雷达天线阵列，特点是不需外加旋转或摇摆式天线，只通过信号阵位的改变和组合，可对不同角度和不同方位进行扫描。它的工作频率在 12 ～ 18GHz，旁波瓣小，抗电子干扰能力强。工作模式共有 21 种，最突出的是合成孔径雷达工作模式和反合成孔径雷达模式。前者主要用于扫描陆地地貌，可清晰地获取 161 千米距离内地表的扫描图像，供飞机对地面目标轰炸时使用；后者则主要用于识别和捕捉海上目标，最远有效距离可达 128 千米。另外还可让 B-2 轰炸机使用地形匹配和地形规避技术，使其能贴地低空突入敌方空域去执行轰炸任务。

B-2 轰炸机和 T-38 教练机

B-2 轰炸机驾驶舱内部

实战掠影

2003 年 3 月，B-2 轰炸机投入伊拉克战场，一架 B-2 轰炸机在 28 日晚上首次实战投放了两颗 2130 千克的新型 EGBU-28 制导炸弹，炸毁了巴格达市内位于底格里斯河畔的一个通信塔。这是美军在伊拉克战争中使用的最大的炸弹。

2008 年 2 月 23 日，一架编号为 89-0127 的 B-2 轰炸机在美军关岛安德森空军基地起飞时坠毁，机上两名飞行员平安获救。调查显示 B-2 轰炸机在起飞前，24 个传感器之中的 3 个传感器被水汽损伤，测得错误的大气资讯，导致飞控电脑错误计算起飞所需的飞行速度和上升角度。尽管机上两名飞行员试图修改错误资讯，但并不成功，飞机随即冲向地面爆炸起火。

2013 年 3 月 28 日，美国空军派出两架 B-2 轰炸机前往韩国参加韩美联合军演"秃鹫"。这是美国首次派遣可携带核武器的 B-2 轰炸机赴朝鲜半岛进行实弹演习。这两架飞机从密苏里州的怀特曼空军基地起飞，在"单次连续任务"中往返飞行 20921 千米，在韩国的目标范围内投下仿真弹药。

B-2 轰炸机进行空中加油

B-2 轰炸机尾部视角

B-2 轰炸机打开弹仓

Chapter 05

军用运输机

    军用运输机是用于运送军事人员、武器装备及其他军用物资的飞机，而大型军用运输机更是一个国家空中战略投送力量的核心装备。本章详细介绍了军用运输机制造史上影响力最大的 10 种型号，并根据核心技术、综合性能、单位造价、建造数量等因素进行了客观公正的排名。

整体展示

 投产量、运用方、服役时间和生产厂商

TOP 10　安 -12"幼狐"运输机	
投 产 量	1248 架
运 用 方	俄罗斯空军、白俄罗斯空军、波兰空军、印度空军、伊拉克空军
服役时间	1959 年至今
生产厂商	安东诺夫设计局

TOP 9　C-141"运输星"运输机	
投 产 量	285 架
运 用 方	美国空军
服役时间	1965 年至 2006 年
生产厂商	洛克希德公司

TOP 8　IL-76"耿直"运输机	
投 产 量	960 架
运 用 方	俄罗斯空军、乌克兰空军、印度空军
服役时间	1974 年至今
生产厂商	伊留申设计局

TOP 7　C-130"大力神"运输机	
投 产 量	2500 架
运 用 方	美国空军、美国海军陆战队、英国空军、加拿大空军
服役时间	1956 年至今
生产厂商	洛克希德公司

TOP 6　V-22"鱼鹰"运输机

投 产 量	200 架以上
运 用 方	美国空军、美国海军陆战队、日本自卫队、以色列空军
服役时间	2007 年至今
生产厂商	贝尔直升机公司、波音公司

TOP 5　A400M"阿特拉斯"运输机

投 产 量	38 架
运 用 方	法国空军、英国空军、德国空军、土耳其空军、西班牙空军、比利时空军、卢森堡空军
服役时间	2013 年至今
生产厂商	空中客车公司

TOP 4　C-5"银河"运输机

投 产 量	131 架
运 用 方	美国空军
服役时间	1970 年至今
生产厂商	洛克希德公司

TOP 3　安 -124"秃鹰"运输机

投 产 量	55 架
运 用 方	俄罗斯空军
服役时间	1986 年至今
生产厂商	安东诺夫设计局

TOP 2　C-17"环球霸王III"运输机

投 产 量	279 架
运 用 方	美国空军、澳大利亚空军、加拿大空军
服役时间	1995 年至今
生产厂商	麦克唐纳·道格拉斯公司

TOP 1　安 -225 "哥萨克" 运输机	
投 产 量	1 架
运 用 方	苏联空军
服役时间	1989 年至今
生产厂商	安东诺夫设计局

机体尺寸

TOP 10　安 -12 "幼狐" 运输机

翼展 38 米

机身长度 33.1 米
机身高度 10.53 米

TOP 9　C-141 "运输星" 运输机

翼展 48.8 米

机身长度 51.3 米
机身高度 12 米

TOP 8　IL-76 "耿直" 运输机

翼展 50.5 米

机身长度 46.59 米
机身高度 14.76 米

TOP 7　C-130 "大力神" 运输机

翼展 40.4 米

机身长度 29.8 米
机身高度 11.6 米

TOP 6　V-22 "鱼鹰" 运输机

翼展 14 米

机身长度 17.5 米
机身高度 11.6 米

TOP 5　A400M "阿特拉斯" 运输机

翼展 42.4 米

机身长度 45.1 米
机身高度 14.7 米

TOP 4　C-5 "银河" 运输机

翼展 67.89 米

机身长度 75.31 米
机身高度 19.84 米

TOP 3　安 -124 "秃鹰" 运输机

翼展 73.3 米

机身长度 68.96 米
机身高度 20.78 米

TOP 2　C-17 "环球霸王" III 运输机

翼展 51.81 米

机身长度 53.04 米
机身高度 16.79 米

TOP 1　安 -225 "哥萨克" 运输机

翼展 88.4 米

机身长度 84 米
机身高度 18.1 米

基本战斗性能对比

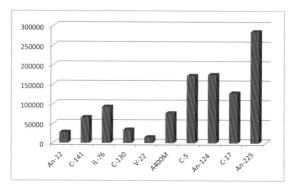

空重对比图（单位：千克）

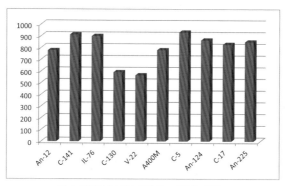

最大速度对比图（单位：千米/时）

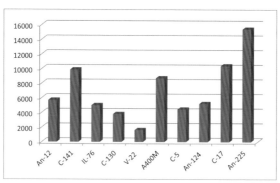

最大航程对比图（单位：千米）

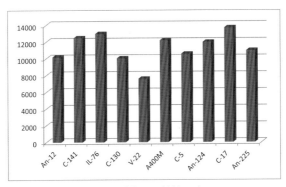

实用升限对比图（单位：米）

TOP 10 安 -12 "幼狐" 运输机

安 -12 "幼狐" 运输机是苏联安东诺夫设计局研制的四发涡轮螺旋桨运输机，于 1959 年开始服役。

排名依据

安 -12 运输机的规格、尺寸、性能与同时期的美国 C-130 "大力神" 运输机非常相似，被视为其对应版本。该机曾是苏联运输航空兵的主力，从 1974 年起逐渐被 IL-76 运输机取代。服役期间，安 -12 运输机曾参与了苏军的历次重大战斗行动，包括阿富汗战争。

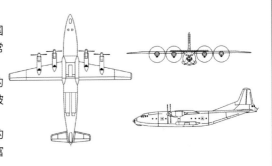

▎▎▎▎▶ ★ 建造历程

　　安 -12 运输机于 1956 年首次试飞，1957 年投入批量生产，1959 年正式服役，1973 年停止生产，总产量约 1250 架，其中民用型约 200 架。安 -12 运输机除供苏联本国军用和民用外，还向波兰、印度、埃及、叙利亚和伊拉克等十多个国家出口，其中大部分供军用，少量供民用。

安 -12 运输机准备起飞

▎▎▎▎▶ ★ 机体构造

　　安 -12 运输机是由安 -10 客机发展而来，但重新设计了后机身和机尾。该机有多种型别，其中安 -12BP 为标准军用型。安 -12 客货混合型，主要用于民航运输。安 -12 电子情报搜集机，机身下两侧增加 4 个泡形雷达整流罩。安 -12 电子对抗型，机头和垂尾内增加了电子设备舱。安 -12 北极运输型，主要适用于北极雪地和高寒地带，机身下装有雪上滑橇，载重性能与标准型一样。

安 -12 运输机在高空飞行

▎▎▎▎▶ ★ 战斗性能

　　安 -12 运输机的动力装置为 4 台伊夫钦科 AI-20 涡轮螺旋桨发动机，单台功率为 3000 千瓦。该型机的后货舱门长 7.7 米、宽 2.95 米，货舱长度为 13.5 米、最大宽度为 3.5 米、最大高度为 2.6 米，货舱容积为 97.2 立方米。安 -12 运输机的最大载重为 20000 千克，最大起飞重量为 61000 千克。该型机起飞滑跑距离为 700 米，着陆滑跑距离为 600 米，最大载重航程为 3600 千米，最大油量航程达 5700 千米。

安 -12 运输机降落

趣 闻 逸 事

在 2005 年的美国电影《战争之王》中，尼古拉斯·凯奇饰演的主角于剧中前往非洲盗卖军火时，搭乘的便是安 -12 运输机。

安 -12 运输机侧面视角

9 TOP C-141 "运输星" 运输机

C-141 "运输星" 运输机是美国洛克希德公司研制的四发战略运输机，于 1965 年 4 月开始服役，2006 年退出现役。

排名依据

C-141 运输机是世界上第一种完全为货运设计的喷气式飞机，也是第一种使用涡扇发动机的大型运输机。作为美国空军主力战略运输机之一，C-141 运输机的货舱空间虽然不抵后来发展的 C-5 运输机和 C-17 运输机，但也能轻松装载长达 31 米的大型货物。在 40 多年的服役期里，C-141 运输机执行了 1060 万小时飞行任务。

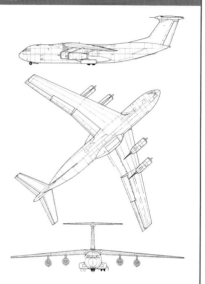

建造历程

1963 年 12 月 17 日，C-141 运输机首次试飞。1965 年 4 月，基本型 C-141A 正式服役，首批定货 127 架。1967 年由于越南战争的需要曾两次追加订货，使总订货数达到 279 架，1982 年 2 月交付完毕后停产。为了提高 C-141 运输机的航程，洛克希德公司又在 C-141A 的基础上加装了空中加油设备，并重新命名为 C-141B。C-141B 于 1979 年开始服役，到 1986 年，所有的 C-141A 都改进为 C-141B。2006 年 5 月，美国空军将最后一架 C-141 运输机送往美国空军国家博物馆，从而结束了它的服役生涯。

低空飞行的 C-141 运输机

▌▌▌▶ 机体构造

　　C-141 运输机在肩部安装后掠翼，翼下吊挂 4 台普惠 TF33-P-7 涡扇发动机，单台推力为 90.1 千牛。该型机拥有 T 形尾翼，收放式起落架可以收入整流罩。C-141 运输机的主要机载设备包括无线电罗盘、ARN-21 "塔康"导航、ASN-35 多普勒雷达、高频和甚高频无线电通信设备等。

仰视 C-141 运输机

▌▌▌▶ 战斗性能

　　C-141 运输机的货舱设计对于工作人员来说相当方便。在运送车辆、小型飞机等带有轮子的货物时，工作人员可以使用平坦的货舱地板，但也可以快速更换成带有滚轴的地板，方便装卸箱装货物等。在运送人员的时候，C-141 运输机可以在舱壁上加装临时座椅，也可以在地板上加装座椅。C-141 运输机的固定机组乘员为 5 名，正、副驾驶员各 1 名、飞行工程师 2 名、装卸员 1 名。该机可以一次运载 208 名全副武装的地面部队士兵，或 168 名携带全套装备的伞兵。此外，C-141 运输机还可以运送"民兵"战略弹道导弹。

C-141 运输机在高空飞行

趣闻逸事

　　1969 年，美国"阿波罗 11
号"首次登月成功后，1 架 C-141
运输机将从月球返回的宇航员及
密封舱从夏威夷运回了休斯敦。

博物馆中的 C-141 运输机

8 TOP IL-76 "耿直"运输机

　　IL-76 "耿直"运输机是苏
联伊留申设计局研制的一款四
发大型军民两用战略运输机，
于 1974 年 6 月开始服役。

排名依据

　　IL-76 运输机是世界上最为成
功的重型运输机之一，迄今为止已
有超过 38 个国家使用过或正在使
用。该机在设计上十分注重满足军
事要求，翼载荷低，有完善的增升
装置，并装有起飞助推器。该机还
有方便有效的随机装卸系统，全天
候飞行设备，空勤人员配备齐全等，
使飞机不依赖基地的维护支援独立
在野外执行任务。据统计，IL-76 运
输机的每吨千米使用成本比安 -12
运输机低 40% 以上。

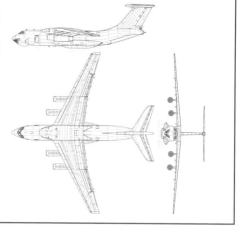

建造历程

20 世纪 60 年代后期，由于安 -12 运输机作为苏联军事空运主力已经显得载重小和航程不足，苏联为了提高其军事空运能力，急需一种航程更远、载重更大、速度更快的新式军用运输机。于是，伊留申设计局以美国 C-141 运输机为假想敌，设计了 IL-76 运输机。该型机于 1971 年 3 月 25 日首次试飞，1974 年 6 月正式服役。苏联解体后，有大量 IL-76 运输机用作民航用途。

IL-76 运输机前方视角

机体构造

IL-76 运输机的机身为全金属半硬壳结构，截面呈圆形。机头呈尖锥形，机舱后部装有 2 扇蚌式大型舱门，货舱内有内置的大型伸缩装卸跳板。机头最前部为安装有大量观察窗的领航舱，其下为圆形雷达天线罩。该型机采用悬臂式上单翼，不会影响机舱空间。起落架支柱短粗、坚固，采用多机轮和胎压调节装置。

低空飞行的 IL-76 运输机

战斗性能

IL-76 运输机装有全天候昼夜起飞着陆设备，包括自动飞行操纵系统计算机和自动着陆系统计算机。机头雷达罩内装有大型气象和地面图形雷达。为了适应粗糙的前线机场跑道，IL-76 运输机采用了低压起落架系统，以及能在起降阶段低速飞行时提供更大升力的前后襟翼。机内装有绞车、舱顶吊车、导轨等必备的装卸设备，以方便装卸工作。军用型机翼下有 4 个外挂点，每个可挂 500 千克炸弹、照明弹、标志弹。

IL-76 运输机在山区飞行

趣闻逸事

2015 年 4 月 25 日，尼泊尔发生 8.1 级地震，震源深度为 20 千米，震后一个月内 4 级以上余震 265 次。5 月，俄罗斯曾派出 1 架名为"安纳托利·利亚皮杰夫斯基"号的 IL-76 运输机赴尼泊尔救援。

IL-76 运输机降落

7 TOP C-130 "大力神" 运输机

C-130 "大力神" 运输机是美国洛克希德·马丁公司研制的四发中型战术运输机，也是世界上最著名的运输机之一。

排名依据

C-130 运输机是美国设计最成功、使用时间最长和生产数量最多的现役运输机，在美国战术空运力量中占有核心地位，同时也是美国战略空运中重要的辅助力量。除美国外，C-130 运输机还出口到数十个国家。按照 2015 年的币值，C-130J 型的单机造价约 4850 万美元。

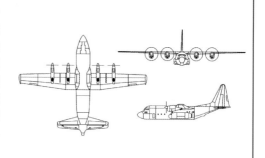

 **建造历程**

　　C-130 运输机于 1951 年开始研制，1954 年首次试飞，1956 年进入美国空军服役。C-130 系列运输机仍在继续生产，并有多种改进型号，截至 2016 年 12 月总产量已经超过 2500 架。除了装备美国空军外，C-130 运输机还被其他 50 多个国家采用。目前，美国空军装备的 C-130 运输机为 E 型、H 型和 J 型。

 **机体构造**

　　C-130 运输机采用上单翼、四发动机、尾部大型货舱门的整体布局，这一布局奠定了二战后美国中型运输机的设计标准。C-130 运输机的货舱门采用了上下两片开启的设计，能在空中开闭。在空中舱门放下时是一个很好的货物空投平台，尤其是掠地平拉空投时，在地面又是一个很好的装卸坡道。该机的动力装置为 4 台 T56-A-15 发动机，单台功率 3660 千瓦。

C-130 运输机侧面视角

 **战斗性能**

　　C-130 运输机的型号众多，以 C-130H 型为例，其载重量可达 19870

千克。该机起飞仅需 1090 千米的跑道，着陆为 518 米，可在前线简易机场跑道上起落，向战场运送或空投军事人员和装备，返航时可用于撤退伤员。C-130 运输机还有许多衍生型，可执行多种任务，包括电子监视、空中指挥、搜索救援、空中加油、气象探测、海上巡逻及空中预警等。

C-130 运输机低空飞行

1958 年 9 月 19 日，驻法美军第 317 运输机中队的 1 架 C-130 运输机在法福勒上空与 1 架法国空军"超神秘"战斗机相撞，C-130 运输机的 6 名机组人员全部死亡，而法军飞行员也不幸身亡。

C-130 运输机在高空飞行

V-22 "鱼鹰" 运输机

V-22 "鱼鹰" 运输机是美国贝尔直升机公司和波音公司联合设计并制造的倾转旋翼机，主要用于物资运输。

排名依据

V-22 运输机是一种将固定翼机和直升机特点融为一体的新型飞行器，既具备直升机的垂直升降能力，又拥有螺旋桨飞机速度较快、航程较远及油耗较低的优点。V-22 运输机的时速超过 500 千米，堪称世界上速度最快的直升机。不过，V-22 运输机也有技术难度高、研制周期长、气动特性复杂、可靠性及安全性低等缺陷。按照 2015 年的币值，V-22 运输机的单机造价高达 7210 万美元。

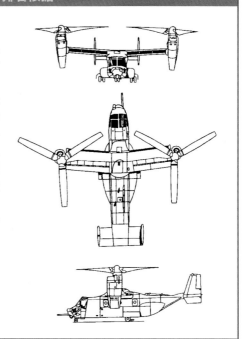

建造历程

V-22 运输机于 20 世纪 80 年代开始研发，1989 年 3 月 19 日首飞成功，经历长时间的测试、修改、验证工作后，于 2007 年 6 月 13 日进入美国海军陆战队服役，取代服役较久的 CH-46 "海骑士"直升机，执行运输及搜救任务。2009 年起，美国空军也开始部署空军专用的衍生版本。目前，V-22 运输机已被美国空军及海军陆战队部署于伊拉克、阿富汗和利比亚等地。

停机坪中的 V-22 运输机

机体构造

　　V-22 运输机在机翼两端各有 1 个可变向的旋翼推进装置，包含罗尔斯·罗伊斯 T406 涡轮轴发动机及由 3 片桨叶所组成的旋翼，整个推进装置可以绕机翼轴由朝上与朝前之间转动变向，并能固定在所需方向，因此能产生向上的升力或向前的推力。这一转换过程一般在十几秒钟内完成。当 V-22 运输机的推进装置垂直向上，产生升力，便可像直升机垂直起飞、降落或悬停，其操纵系统可改变旋翼上升力的大小和旋翼升力倾斜的方向，以使飞机保持或改变飞行状态。

仰视 V-22 运输机

战斗性能

　　V-22 运输机的 2 台罗尔斯·罗伊斯 T406 发动机以转轴及齿轮箱连动，因此即使其中 1 台失去动力，另 1 台也能让整架飞机继续飞行。该机可以运送 24 名士兵或者 9072 千克的物资。此外，V-22 运输机还有一套外部拖钩与绞车系统，这套系统使其能够吊载重 6803 千克的货物。

V-22 运输机在低空飞行

趣闻逸事

2012 年 10 月 6 日，1 架隶属于美国海军陆战队第 165 中型倾转旋翼机中队的 V-22 倾转旋翼机在"尼米兹"号航空母舰上顺利降落并完成加油。此举旨在评估 V-22 倾转旋翼机能否取代 C-2"灰狗"运输机在舰队中的运输角色。

V-22 运输机准备降落

TOP 5 A400M "阿特拉斯" 运输机

A400M "阿特拉斯" 运输机是多个欧洲国家联合研制的四发涡轮螺旋桨运输机，于 2013 年 8 月开始服役。

排名依据

　　A400M 运输机项目是欧洲最大的军事合作项目，法国、德国、英国、西班牙等七个欧洲国家投入了近 200 亿欧元的研发资金。按照 2013 年的币值，A400M 运输机的单机造价高达 1.52 亿欧元。A400M 运输机的独特之处在于配备了来自欧洲螺旋桨国际公司的 TP400 发动机，这是西方目前功率最大的涡轮螺旋桨发动机。A400M 运输机拥有许多先进的技术，根据空中客车公司的说法，它可以完成以前需要三架飞机才能完成的任务。

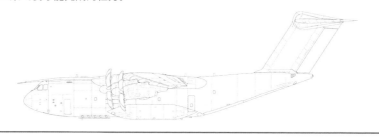

⚡ 建造历程

　　A400M 运输机的研发计划自 1993 年开始启动，由设在马德里的空中客车军用机公司负责设计，多家欧洲著名公司参加了研发工作，西班牙的塞维利亚总装厂将负责总装。由于研发过程困难重重，未能按照原定计划交付并且飞机造价高昂，空中客车公司一度考虑要取消这个计划。2009 年 12 月 11 日，A400M 运输机在西班牙塞维利亚首次试飞。此时，整个项目已经超支 50 亿欧元，2003 年估计每架飞机的价格为 8000 万美元，而 2009 年时已经变成至少 1.2 亿～1.3 亿美元。该型机原计划于 2009 年开始交付用户，但直到 2013 年 8 月法国空军才接收了第一架 A400M 运输机。

仰视 A400M 运输机

机体构造

A400M 运输机采用悬臂式上单翼、T 形尾翼的常规气动布局，机翼采用超临界翼形设计，后掠角为 18 度，机翼下装有 4 台 TP400 涡轮螺旋桨发动机，这是西方目前功率最大的涡轮螺旋桨发动机。每侧机翼的 2 副螺旋桨旋转方向相反，既可以抵消螺旋桨转动产生的扭矩，又改善了螺旋桨滑流对机翼升力分布的影响，增加了机翼升力系数。为了适应在野战机场起降，A400M 运输机采用承载力强的多轮式前三点式起落架。前起落架为并

列双轮，主起落架为串列式六轮，宽达 6.2 米的主轮距和低压轮胎有利于飞机在前沿野战简易跑道上起降和转向。A400M 运输机的座舱具有全景夜视能力，可容纳 2 名机组成员，必要时可以多承载 1 人，负责特定任务操作。

A400M 运输机在高空飞行

战斗性能

与大多数运输机不同，A400M 运输机的货舱截面几乎是方形的。方形货舱的优势在于增大了有效容积、降低了地板与地面之间的距离，不过相应的代价是结构强度有所损失。A400M 运输机的货舱长 17.71 米，地板宽度为 4 米，高度为 3.85 米，总容积达到了 340 立方米，超出 C-130J 运输

机的 2 倍。不仅如此，A400M 运输机的高度和宽度甚至超过了载重量更大的 C-141 运输机以及 IL-76 运输机。除了可以接受空中加油外，A400M 运输机还有内置的加油管路，可以为其他飞机实施空中加油。

A400M 运输机在冰雪环境起飞

趣闻逸事

2015 年 5 月 9 日，一架准备交付土耳其的 A400M 运输机在西班牙塞维利亚进行测试飞行时不幸坠毁，机上多人遇难，两人受伤。

A400M 运输机侧后方视角

4 TOP C-5"银河"运输机

C-5"银河"运输机是美国洛克希德·马丁公司研制的一款大型军用战略运输机，于 1970 年 6 月开始服役。

排名依据

C-5 运输机是美国空军现役中最大的战略运输机，能够在全球范围内运载超大规格的货物，并在相对较短的距离内起飞和降落。按照 2016 年的币值，C-5 运输机的单机造价高达 2.24 亿美元。该机几乎可以装载美军的全部战斗装备，包括巨大的重达 74 吨的移动栈桥，从美国到达全球大部分战场。

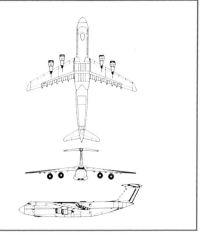

建造历程

20 世纪 60 年代，美国空军使用的 C-133 与 C-124 运输机虽然还能满足陆军的需求，可是已经接近寿命周期的尾声，而较新的 C-141 运输机也无法有效地完成运输任务。1961 年 10 月，美国军事空运勤务司令部提出取代 C-133 运输机的需求，由空军规划设计案。1962 年负责研发的空军系统司令部根据他们的研究和预测推出 CX-X 计划，1964 年这项计划正式改名为 C-5。该型机于 1968 年 6 月 30 日首次试飞，1970 年 6 月正式服役。

美军基地中的 C-5 运输机

机体构造

C-5 运输机采用悬臂式上单翼，机身为半硬壳式破损安全结构。尾翼为 T 形，机翼下有 4 台涡扇发动机，单台推力高达 191 千牛。该机的货舱为头尾直通式，起落装置拥有 28 个轮胎，能够降低机身，使货舱的地板与汽车高度相当，以方便装卸车辆。机头和后舱门都可以完全打开，以便快速装卸物资。

机头打开后的 C-5 运输机

战斗性能

C-5 运输机的载重量可达 122 吨，货仓容积为：上层货仓 30.19 米 ×

4.2 米 ×2.29 米，下层货仓 36.91 米 ×5.79 米 ×4.11 米。该型机的机翼内有 12 个内置油箱，能够携带 194370 升燃油。凭借其强大的运载能力，C-5 运输机能够在全球范围内运载超大规格的货物并在相对较短的距离内起飞和降落，也可以随时满载全副武装的战斗部队（包括主战坦克）到达全球的大多数地方，或为战斗中的部队提供野外支援。

低空飞行的 C-5 运输机

趣闻逸事

1972 年 5 月 11 日，一架 C-5 运输机从日本冲绳嘉手纳空军基地起飞，未经空中加油，不着陆飞行了 12905 千米，最后降落在南卡罗来纳州的查尔斯顿空军基地。此次飞行创下了 C-5 运输机不着陆飞行距离新纪录，总飞行时间为 16 小时 5 分钟。

C-5 运输机准备起飞

安-124"秃鹰"运输机

安-124"秃鹰"运输机是苏联安东诺夫设计局研制的四发远程运输机,于1986年开始服役。

排名依据

在安-225运输机服役之前,安-124运输机是世界上起飞重量最大的运输机。1985年,安-124运输机创下了载重171219千克物资,飞行高度10750米的世界纪录,打破了由美国C-5运输机创造的原世界纪录。此外,安-124运输机还拥有20多项国际航空联合会承认的世界飞行记录。按照2009年的币值,安-124运输机的单机造价约1亿美元。

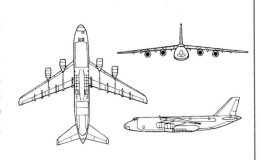

建造历程

安-124运输机的计划名称为安-40,研发目的是生产一款比安-22更大的运输机。第一架原型机在1982年12月26日首次试飞,第二架原型机在1985年的巴黎航空展上首次向西方国家亮相,而飞机名称同时改为安-124。1986年,第五架原型机参加了英国范登堡国际航展,引起国际轰动。同年,安-124运输机交付使用。

安-124运输机起飞

⚡️ 机体构造

　　安 -124 运输机粗大的机身呈梨形截面，主翼为后掠下反式上单翼。该型机的机腹贴近地面，机头机尾均设有全尺寸货舱门，分别向上和向左右打开，货物能从贯穿式货舱中自由出入。货舱分为上下两层。上层舱室较狭小，除 6 名机组人员和 1 名货物装卸员外，还可载 88 名乘客。下层主货舱容积为 1013.76 立方米，载重可达 150 吨。货舱顶部装有 2 个起重能力为 10 吨的吊车，地板上还另外有 2 部牵引力为 3 吨的绞盘车。

低空飞行的安 -124 运输机

⚡️ 战斗性能

　　作为新一代大型运输机，安 -124 运输机充分考虑了用于民航运输时的适航性，噪声特性符合国际民航组织的噪声标准。该机的货舱前后舱门采用液压装置开闭，分别可在 7 分钟和 3 分钟内打开。由于货舱空间很大，安 -124 运输机能够运载普通飞机机身、化工塔器等大型货物。该机设有厕所、洗澡间、厨房和 2 个休息间，远程飞行时飞行员可以得到较好的休息。

安 -124 运输机在高空飞行

趣 闻 逸 事

著名的 007 系列电影《择日而亡》里的运输机原型就是 1 架安 -124 运输机，只不过在地面拍摄的是安 -124 真机，而在空中飞行的则是电脑特技制作而成。

安 -124 运输机侧前方视角

动力系统

安 -124 运输机的动力装置为 4 台普罗格雷斯 D-18T 涡轮风扇发动机，单台推力为229.5千牛。该发动机由伊夫琴科进步设计局研制，带有反推力装置，具有高涵道比，这是苏联第一次设计和制造这种类型的发动机。由于燃油消耗极大，安 -124 运输机能够携带足足 230 吨燃油。

在高空飞行的安 -124 运输机

航空电子

安 -124 运输机的机载设备包括气象雷达、导航 / 地图雷达、卫星导航仪、惯性导航装置、大型移动地图显示器及大型雷达屏幕。

安 -124 运输机仰视图

安 -124 运输机驾驶舱内部

安 -124 运输机头部视角

实战掠影

1992 年 10 月 13 日，由安东诺夫航空公司运营的编号为 SSSR-82002 的安 -124 运输机在飞行试验期间坠毁于乌克兰基辅附近。该机在高速下降期间（测试程序的一部分）遭遇货舱门故障，导致完全丧失控制。飞机在基辅附近的一片森林中降落，机上 9 名机组人员中有 8 名遇难。

1997 年 12 月 6 日，由俄罗斯空军运营的编号为 RA-82005 的安 -124 运输机在俄罗斯伊尔库茨克起飞后在一个住宅区坠毁。机上所有人员 23 人和当地居民 49 人遇难。

安 -124 运输机右侧视角

跑道上的安 -124 运输机

安 -124 运输机腹部视角

C-17"环球霸王III"运输机

C-17"环球霸王III"运输机是美国麦克唐纳·道格拉斯公司研发的大型战略／战术运输机，于1995年1月开始服役。

排名依据

C-17运输机融战略和战术空运能力于一身，是目前世界上唯一可以同时适应战略、战术任务的运输机。按照2007年的币值，C-17运输机的单机造价高达2.18亿美元。C-17运输机的载运量是C-141运输机的2倍、C-130运输机的4倍，但C-17运输机的可靠度高达99%，任务完成率为91%。C-17运输机飞行返航后，例行检修外的额外检查率2%，而C-5运输机和C-141运输机高达40%。

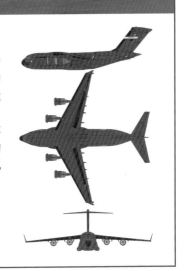

建造历程

C-17运输机是美国迄今为止历时最久的飞机研制计划，从1981年麦克唐纳·道格拉斯公司赢得发展合约到1995年完成全部的飞行测试，共耗时14年。在发展经费方面，它是美国有史以来耗资第三大军用飞机，仅次于B-2"幽灵"轰炸机和E-3"望楼"预警机。C-17运输机于1991年9月15日首次试飞，1995年1月开始服役。

C-17 运输机在山区上空飞行

机体构造

　　C-17 运输机采用大型运输机的常规布局，机翼为悬臂式上单翼，前缘后掠角 25 度。垂直尾翼有个特殊的设计，内部有 1 个隧道式的空间，可让 1 位检修人员攀爬通过，以进行上方水平尾翼的检修。液压可收放前三点式起落架，可靠重力应急自由放下。前起落架为双轮，主起落架为六轮。前起落架向前收入机身，主起落架旋转 90 度向里收入机身两侧整流罩内。

C-17 运输机侧面视角

战斗性能

　　C-17 运输机的货舱可并列停放 3 辆吉普车，2 辆卡车或 1 辆 M1A2 坦克，也可装运 3 架 AH-64 武装直升机。在执行空投任务时，可空投

27215 ～ 49895 千克货物，或 102 名全副武装的伞兵和 1 辆 M1 主战坦克。C-17 运输机的货舱门关闭时，舱门上还能承重 18150 千克，相当于 C-130 全机的装载量。C-17 运输机对起落环境的要求极低，最窄可在 18.3 米宽的跑道上起落，能在 90 米 ×132 米的停机坪上运动。

C-17 运输机准备起飞

趣 闻 逸 事

  1991 年 8 月，美国空军第一个 C-17 运输机中队，位于南加州查尔斯顿空军基地的第 437 联队第 17 运输中队的飞行员开始接受 C-17 模拟机的飞行训练。1993 年 5 月，第 17 中队接收了第一架 C-17 运输机。

C-17 运输机在高空飞行

▶ 动力系统

　　C-17 运输机的动力装置为 4 台普惠 F117-PW-100 涡轮风扇发动机，单台推力为 180 千牛。发动机以悬吊式挂架挂于机翼的前下方，每具挂架由数件铸铝螺桩结构与机翼相搭接，使外挂载和机翼间有连续的负载路径。该发动机具有反向推力装置，发动机罩的外形为滑套后缩双罩式，两罩间有一开口，当启动反向推力时，发动机排气经由此开口被导向前上方 45 度，因此不会吹起地面的砂石与尘土。另外在发动机运转时，不会影响卸货或是一些地面工作。反向推力装置在飞机静止时也可以启动，不会有发动机过热的问题。

在高空飞行的 C-17 运输机

C-17 运输机侧后方视角

▶ 航空电子

　　C-17 运输机驾驶舱内的乘员为 3 人，即正、副驾驶员和货物装卸员，驾驶舱只设 4 个座位。用人如此少，因为座舱采用先进数字式航空电子系统，包括 4 个阴极射线管显示器和两个通用电气公司电子部的平显仪，集中显示各种信息，减轻了驾驶员的工作负担。机上采用通用电气公司的数字式电传操纵系统、汉尼韦尔公司的复式大气数据计算机。发动机及飞行操纵数据也可由多功能显示器显示。导航通信可全频率调谐。任务和通信显示器具有频率和频道预先存储能力，它既可人工操纵又可使用预先编好程序的磁带来改变正在进行的飞行计划而不干扰导航系统。C-17 运输机采用特里达因公司的操纵警告系统，主警告器可自动提供主系统的监控，并可在显示屏上显示可见监控信号，还可在机内通话系统中发出声响或语音信号。

C-17 运输机还装有德尔科电子公司的航空电子设备，包括任务计算机和电子操纵系统；汉密尔顿标准公司的飞机和发动机数据管理系统计算机；汉尼韦尔公司的自动测试设备和辅助系统数据采集和控制系统；特列丰尼克公司的无线电管理系统。除了正常的飞行信息外，显示系统还可提供飞机各系统的状态、必要的应急程序和常规的检查项目表等。

C-17 运输机驾驶舱外部

C-17 运输机驾驶舱内部

实战掠影

　　2003 年，在为"伊拉克自由行动"实施空运保障的过程中，C-17 运输机实现了几项重大突破。3 月 26 日，15 架 C-17 运输机创造了历史，它们实施了该机首次空降作战人员的行动，同时也是这种飞机首次进行低空空降。在此次空降中，C-17 运输机将美国陆军第 173 空降旅及其武器装备空投至伊拉克北部的巴苏尔机场。在初次空降中共有 1000 名伞兵实施了跳伞行动，在此后实施的 4 次伞降中，这些飞机又空投伞兵 1015 人以及 3000 吨货物和装备。C-17 运输机在此次空投中共出动 62 架次，并使得美国陆军能够在短短 5 天内在敌后集结 1 个旅的兵力。

　　4 月 7 日，配属部署于德国莱茵·迈恩空军基地的第 362 空天远征大队的 C-17 运输机实施了 M1A1 主战坦克的首次空—地投送，共向巴苏尔空投了 5 辆 M1 主战坦克、5 辆 M2 步兵战车和 15 辆 M113 装甲人员输送车，以及 41 辆"悍马"装甲车。此次突击行动为美国陆军在伊拉克北部开辟了一条战线。

英国空军装备的 C-17 运输机

C-17 运输机腹部视角

C-17 运输机仰视图

安 -225 "哥萨克" 运输机

安 -225 运输机是苏联安东诺夫设计局研制的六发重型运输机，1989年开始服役，现归乌克兰所有。

排名依据

安 -225 运输机是目前世界上载重量最大、机身最长的运输机，其最大起飞重量高达 640 吨。一般认为，安 -225 运输机至少有超过 300 吨的载重能力。相比之下，美国空军所拥有最大的军用运输机 C-5 只有 118 吨的额定载重能力。由于机身庞大，安 -225 运输机所能携带的油料也相对较多，因此拥有超长的续航能力。

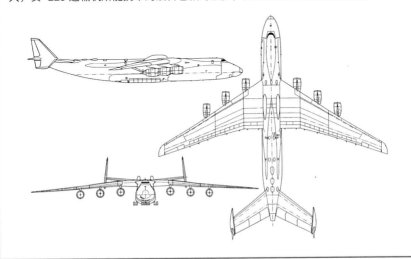

▌▌▌▷ 建造历程

　　20 世纪 80 年代中期，苏联为了运输"暴风雪"号航天飞机与其他火箭设备，开始研发安 -225 运输机。由于研发时间非常短，安 -225 运输机的大部分设计理念都是来自苏联另外一架大型运输机安 -124。一号原型机在 1988 年 11 月 30 日完工出厂，并于 12 月 21 日在基辅进行第一次试飞，1989 年 5 月 12 日首次完成"暴风雪"号航天飞机的背负飞行。可惜的是，由于当时苏联的经济已经恶化到不足以支持昂贵的太空计划，因此"暴风雪"计划在实际发射成功一次后就被迫中止，专门为了太空计划而设计建造的安 -225 运输机也失去了存在的意义，连正在建造中的二号机也在中途叫停。

机头打开的安 -225 运输机

▌▌▌▷ 机体构造

　　安 -225 运输机最初是为了作为运输火箭用途而设计，货舱形状非常平整，整个货舱全长 43.51 米，最大宽度 6.68 米，货舱底板宽度 6.40 米，最大高度 4.39 米。为了方便巨大货物进出，安 -225 运输机与大部分大型货机一样，采用可以向上打开的"掀罩"机头，并把驾驶舱设在主甲板上方的二楼处。

安 -225 运输机在低空飞行

▌▌▌▷ 战斗性能

　　安 -225 运输机的货舱内可装载 16 个集装箱，大型航空航天器部件和其他成套设备，如天然气、石油、采矿、能源等行业的大型成套设备和部件。机身背部能负载超长尺寸的货物，如直径 7 ～ 10 米、长 20 米的精馏塔、俄罗斯的"能源"号航天器运载火箭和"暴风雪"号航天飞机。

安 -225 运输机背负"暴风雪"号航天飞机

趣 闻 逸 事

苏联解体后，安 -225 运输机由安东诺夫设计局所在的乌克兰接管，但由于该国的经济状况不佳无力操作安 -225 运输机，因此一号机从 1994 年 5 月以后就被存放在工厂的一角，机上许多主要零部件也被拆下作为安 -124 与安 -70 的备用零部件，实际上等于是已经处于不能飞行的报废状态。直到 21 世纪初，安东诺夫设计局才对一号机进行了改装与机身强化，于 2000 年复飞成功。

动力系统

为了提供足够的动力，安 -124 运输机原本搭载的 4 台 D-18T 高涵道比涡轮风扇发动机被增加到 6 台。安 -225 运输机因为机身庞大，所能携带的油料也更多，因此拥有超长的续航能力，纵使在全负载的情况下仍能持续飞行 2500 千米的距离，而最大油量航程达 15400 千米。事实上，安 -225 运输机是国际航空联合会（FAI）在 2004 年 11 月新制定的世界纪录标准中，长程飞行的载重纪录保持者，握有多项离陆重量 300 吨以上等级机种的世界纪录。

安 -225 运输机起飞

重量与体积惊人的安 -225 运输机，在起落架部分的设计也很华丽，鼻轮部分是由两对复轮一共 4 个轮胎组成，而腹轮部分则是前后七组复轮左右共两排，因此总共有 32 个轮胎，全部是以油压方式上下，其中前轮具有转向作用以提升飞机在地面滑行时的机动性。

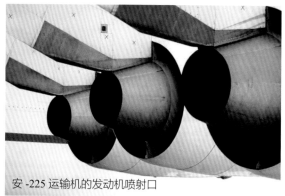
安 -225 运输机的发动机喷射口

航空电子

安 -225 运输机采用四重线传飞控设计，还附有电子系统出问题时可以紧急使用的机械式备援系统。安 -225 运输机一共需要 6 名机组人员来操作，分别为正、副驾驶各一名，两名工程官，两名积载官。

安 -225 运输机驾驶舱内部

安 -225 运输机侧后方视角

实战掠影

自 2020 年 4 月 12 日起，因新冠肺炎疫情国际援助的需要，多个国家先后租用安 -225 运输机赴中国天津运输防疫物资。

机鼻开启后的安 -225 运输机

在高空飞行的安 -225 运输机

安 -225 运输机腹部视角

Chapter 06

武装直升机

　　武装直升机是装有武器、为执行作战任务而研制的直升机，在现代战争中发挥着重要作用。本章详细介绍了武装直升机制造史上影响力最大的十种型号，并根据核心技术、综合性能、单机造价、建造数量等因素进行了客观、公正的排名。

◉ 投产量、运用方、主要用户和生产厂商

TOP 10 "楼陀罗"武装直升机	
投 产 量	27 架
运 用 方	印度陆军、印度空军
服役时间	2012 年至今
生产厂商	印度斯坦航空公司

TOP 9　AH-6"小鸟"武装直升机	
投 产 量	1420 架
运 用 方	美国陆军、马来西亚陆军、韩国陆军
服役时间	1980 年至今
生产厂商	休斯直升机公司

TOP 8　A129"猫鼬"武装直升机	
投 产 量	60 架
运 用 方	意大利陆军、土耳其陆军
服役时间	1983 年至今
生产厂商	阿古斯塔公司

TOP 7　"虎"式武装直升机	
投 产 量	206 架
运 用 方	德国陆军、法国陆军、西班牙陆军、澳大利亚陆军
服役时间	2003 年至今
生产厂商	欧洲直升机公司

TOP 6 CSH-2 "石茶隼" 武装直升机

投 产 量	12 架
运 用 方	南非空军
服役时间	2011 年至今
生产厂商	阿特拉斯公司

TOP 5 米 -24 "雌鹿" 武装直升机

投 产 量	2300 架
运 用 方	俄罗斯空军、越南空军、印度空军、捷克空军
服役时间	1972 年至今
生产厂商	米里设计局

TOP 4 AH-1 "眼镜蛇" 武装直升机

投 产 量	1116 架
运 用 方	美国陆军、日本陆上自卫队、以色列空军、土耳其陆军、泰国陆军
服役时间	1967 年至今
生产厂商	贝尔直升机公司

TOP 3 卡 -50 "黑鲨" 武装直升机

投 产 量	32 架
运 用 方	俄罗斯空军、俄罗斯海军
服役时间	1995 年至今
生产厂商	卡莫夫设计局

TOP 2 米 -28 "浩劫" 武装直升机

投 产 量	126 架
运 用 方	俄罗斯空军、内瑞拉空军、尼亚克空军、伊拉克陆军
服役时间	1996 年至今
生产厂商	米里设计局

TOP 1　AH-64 "阿帕奇" 武装直升机	
投 产 量	2000 架
运 用 方	美国陆军、韩国陆军、荷兰空军、日本陆上自卫队、以色列空军、埃及空军、希腊陆军
服役时间	1984 年至今
生产厂商	休斯直升机公司

⬤ 机体尺寸

TOP 10　"楼陀罗" 武装直升机

旋翼直径 13.2 米

机身长度 15.87 米
机身高度 4.98 米

TOP 9　AH-6 "小鸟" 武装直升机

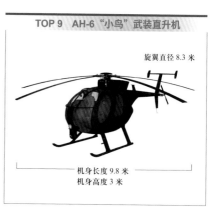

旋翼直径 8.3 米

机身长度 9.8 米
机身高度 3 米

TOP 8　A129 "猫鼬" 武装直升机

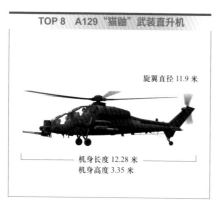

旋翼直径 11.9 米

机身长度 12.28 米
机身高度 3.35 米

TOP 7　"虎" 式武装直升机

旋翼直径 13 米

机身长度 14.08 米
机身高度 3.83 米

TOP 6　CSH-2 "石茶隼" 武装直升机

旋翼直径 15.58 米

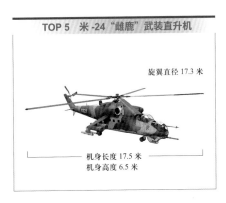

机身长度 18.73 米
机身高度 5.19 米

TOP 5　米 -24 "雌鹿" 武装直升机

旋翼直径 17.3 米

机身长度 17.5 米
机身高度 6.5 米

TOP 4　AH-1 "眼镜蛇" 武装直升机

旋翼直径 14.63 米

机身长度 13.6 米
机身高度 4.1 米

TOP 3　卡 -50 "黑鲨" 武装直升机

旋翼直径 14.5 米

机身长度 13.5 米
机身高度 5.4 米

TOP 2　米 -28 "浩劫" 武装直升机

旋翼直径 17.2 米

机身长度 17.01 米
机身高度 3.82 米

TOP 1　AH-64 "阿帕奇" 武装直升机

旋翼直径 14.63 米

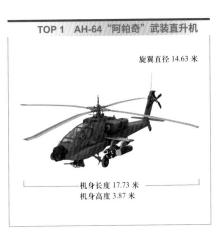

机身长度 17.73 米
机身高度 3.87 米

基本战斗性能对比

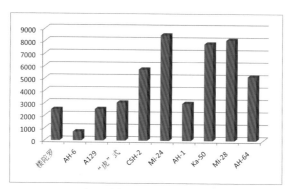

空重对比图（单位：千克）

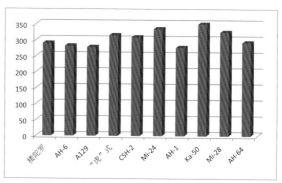

最大速度对比图（单位：千米/时）

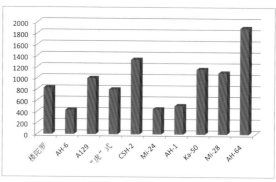

最大航程对比图（单位：千米）

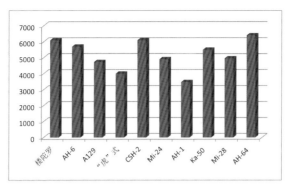

实用升限对比图（单位：米）

"楼陀罗"武装直升机

"楼陀罗"武装直升机由印度斯坦航空公司研制，于2012年开始服役，主要用户为印度陆军和印度空军。

排名依据

　　"楼陀罗"直升机的作战性能（尤其是火力）可以和其他国家的中型武装直升

机相媲美，同时具有运输功能。不过，由于采用并列双座设计，"楼陀罗"直升机的风阻和正面受弹面积较大，再加上搭载较多人员的机舱使得机体较大，隐身能力、机动性和生存力不如其他武装直升机。

建造历程

2007年8月，"楼陀罗"直升机的原型机首次试飞成功。2011年9月，"楼陀罗"直升机完成了20毫米机炮的最后发射试验。同年11月，"楼陀罗"直升机又进行了"两北风"空对空导弹和70毫米火箭的测试。2012年9月，首架生产型"楼陀罗"直升机完成了地面测试。一个月后，印度国防部批准印度陆军航空兵拥有武装直升机。2013年2月初，"楼陀罗"直升机从印度军用航空器适航认证中心获得了初始作战能力的认可。当月的印度航展上，"楼陀罗"直升机首次公开展出。

印度陆军装备的"楼陀罗"直升机

机体构造

"楼陀罗"直升机的机体采用了装甲防护和流行的隐身设计，起落架和机体下部都经过了强化设计，可在直升机坠落时最大限度地保证飞行员的安全，适合在自然条件恶劣的高原地区执行任务。"楼陀罗"直升机在制造过程中大量采用复合材料，按全机重量计算，复合材料用量达55%，蒙皮中复合材料的比例更是高达60%。"楼陀罗"直升机还装备了电子战系统，配备日夜工作的摄像头、热传感器和激光指示器。

仰视"楼陀罗"直升机

战斗性能

"楼陀罗"直升机主要用于打击坦克装甲目标及地面有生力量，具备压制敌方防空系统、掩护特种作战等能力。该机装有 1 门 20 毫米 M621 机炮，还可挂载 70 毫米火箭弹发射器及"赫莉娜"反坦克导弹（最多 8 枚）和"西北风"空对空导弹（最多 4 枚）。在执行反潜和对海攻击任务时，还可挂载深水炸弹和鱼雷（2 枚）。

"楼陀罗"直升机准备起飞

趣 闻 逸 事

"楼陀罗"直升机得名于印度神话中的楼陀罗，他是一个具有两重性的神，明显有善恶两重特性，既以霹雳伤害人畜，进行凶暴的统治，又擅长治病，有千种草药。

"楼陀罗"直升机前方视角

9 TOP AH-6 "小鸟"武装直升机

AH-6 "小鸟"直升机是美国休斯直升机公司（1985 年并入麦克唐纳·道格拉斯公司，后又并入波音公司）研制的一款轻型武装直升机，主要用户为美国陆军。

排名依据

　　AH-6 直升机是世界上最小的武装直升机，具有低噪声、低红外成像的特点，尤其适合特种作战，所以受到美军特种部队的欢迎。在特种作战行动中，AH-6 直升机可以依靠其小巧灵活的特点降落在狭小的街道，并在放下特战队员后快速起飞脱离危险区域。

建造历程

　　1960 年，美国陆军提出轻型观察直升机计划（LOH），休斯直升机公司、贝尔直升机公司和希勒飞机公司参与了招标。两年后，休斯公司制造了 5 架 OH-6A 原型机与贝尔公司的 OH-4A 和希勒公司的 OH-5A 进行竞争。1965 年 2 月 26 日，休斯公司的 OH-6A 在竞争中获胜。1966 年 9 月，被命名为"印第安种小马"的 OH-6 直升机开始交付。20 世纪 70 年代后期，为使轻型直升机也能具备一定强度的火力打击能力，休斯公司又在 OH-6 直升机的基础上研制出了 AH-6 武装直升机和 MH-6 轻型突击直升机，均被美国陆军称为"小鸟"。

机体构造

　　最初的 AH-6 直升机是以 OH-6 直升机为基础改良而来，后期的版本则以民用的 MD 500E 直升机为发展蓝本。AH-6 直升机安装了"黑洞"红外压制系统，为了安置这套系统，原来单个纵向排列的排气口被塞住，改为机身后部两侧 2 个扩散的排气孔。为了便于运输，AH-6 直升机的尾梁可折叠。

AH-6 直升机的机身通常以无光黑色涂料涂装，这也强调了使用它的用户偏爱借助黑夜的掩护执行特战任务。

美军基地中的 AH-6 直升机

 战斗性能

AH-6 系列直升机的发动机有多种不同型号，从 AH-6C 使用的 309 千瓦的艾利森 250-C20B 涡轮轴发动机，到 AH-6M 使用的 478 千瓦的艾利森 250-C30R/3M 发动机，均有不俗的动力性能。AH-6 直升机可以搭载的武器种类较多，包括 7.62 毫米机枪、30 毫米机炮、70 毫米火箭发射巢、"陶"式反坦克导弹等，甚至还能挂载 "毒刺" 导弹进行空战。

趣闻逸事

AH-6 直升机起飞

在《黑鹰坠落》和《狙击生死线》等电影中，以及《战地风云 3》《战地风云 4》《侠盗猎车手 4》《侠盗猎车手 5》和《使命召唤 4》等游戏中，AH-6 直升机均有出现。

A129 "猫鼬" 武装直升机

A129 "猫鼬" 直升机是意大利阿古斯塔公司研制的武装直升机。目前，意大利陆军航空兵的主力武装直升机，并已出口土耳其。

排名依据

A129 直升机是欧洲第一种专用武装直升机，也是第一种经历过实战考验的欧洲国家的武装直升机。该型机与美国 AH-64 "阿帕奇" 武装直升机是同一个时代的武器装备，两者有着许多相似之处。不过，AH-64 直升机火力强、作战范围大，能在海拔 4000 米以上的高原地区起飞作战，而 A129 直升机只能在海拔 4000 米以下地带使用。

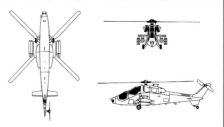

建造历程

20 世纪 60 ～ 70 年代，美军在越南的作战已经显示出直升机的重要作用。为满足意大利陆军对专用轻型反坦克直升机的需求，阿古斯塔公司于 1978 年开始研制 A109 武装直升机。但意大利军方认为 A109 不能完全满足用户要求，于是阿古斯塔研制了全新的 A129 "猫鼬" 武装直升机。该机于 1983 年 9 月首次试飞，同年开始服役。为了能够在国际市场占据一席之地，阿古斯塔公司还推出了 A129 国际型武装直升机。

A129 直升机在沙漠地区飞行

机体构造

A129 直升机采用了武装直升机常用的布局，纵列串列式座舱，副驾驶 / 射手在前，飞行员在较高的后舱内，均有坠机能量吸收座椅。机身装有悬臂式短翼，为复合材料，位于后座舱后的旋翼轴平面内。机身结构设计主要为铝合金大梁和构架组成的常规半硬壳式结构。中机身和油箱部位由蜂窝板制成。复合材料占整个机身重量（发动机重量除外）的 45%，占空重的 16.1%，主要用于机头整流罩、尾梁、尾斜梁、发动机短舱、座舱盖骨架和维护壁板。该机的动力装置为 2 台罗尔斯·罗伊斯"宝石"发动机，单台额定功率为 772 千瓦。

停机坪中的 A129 直升机

战斗性能

A129 直升机在 4 个外挂点上可携带 1200 千克外挂物，通常携带 8 枚"陶"式反坦克导弹、2 挺机枪（机炮）或 81 毫米火箭发射舱。另外，A129 直升机也具备携带"毒刺"空对空导弹的能力。该机有着完善的全昼夜作战能力，它有 2 台电脑控制的综合多功能火控系统，可控制飞机各项参数。机上装有霍尼韦尔公司生产的前视红外探测系统，使得飞行员可在夜间贴地飞行。头盔显示瞄准系统便于驾驶员和武器操作手迅速发起攻击。

A129 直升机准备降落

趣 闻 逸 事

1990 年 10 月 6 日，首批 5 架 A129 直升机交付给意大利陆军航空兵训练中心。当时恰逢意大利陆军航空兵成立 39 周年，众多官员参加了交付仪式，其中包括意大利新任总统、国防部长和陆军航空兵司令。

A129 直升机侧面视角

7 TOP "虎"式武装直升机

"虎"式直升机是由欧洲直升机公司研制的武装直升机，德国、澳大利亚、法国、西班牙等国均有装备。

排名依据

"虎"式直升机的空中机动性能、机炮射击精度不逊于 AH-64 直升机等美制武装直升机，适合进行直升机空战。虽然"虎"式直升机的武器有效载荷不如 AH-64 直升机，但也足以胜任一般的反坦克、猎杀软性目标或密接支援等任务。而在后勤维护成本上，"虎"式直升机比 AH-64、AH-1 系列拥有较大的优势。按照 2013 年的币值，"虎"式直升机的单机造价约 3610 万欧元。

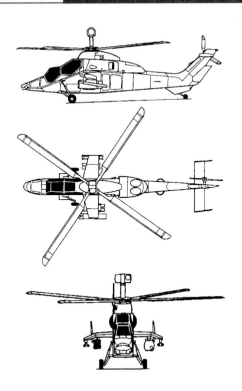

建造历程

　　20世纪70年代，鉴于专用武装直升机在局部战争中的出色表现，世界各国纷纷研制装备这一机种。当时，法国和德国分别装备了"小羚羊"武装直升机和 Bo 105P 武装直升机，但都是由轻型多用途直升机改装而来。因此，两国决定以合作形式，研制一种专用武装直升机——"虎"式直升机。该型机于1984年开始研制，1991年4月原型机首飞，1997年首批交付法国。

德国陆军装备的"虎"式直升机

机体构造

"虎"式直升机的机身较短、大梁短粗。机头呈四面体锥形前伸，座舱为纵列双座，驾驶员在前座，炮手在后座，这与大多数武装直升机相反。座椅分别偏向中心线的两侧，以提升在后座的炮手的视野。机身两侧安装短翼，外段内扣下翻，各有 2 个外挂点。2 台发动机置于机身两侧，每台前后各有 1 个排气口。起落架为后三点式轮式。机体广泛采用复合材料，隐身性能较佳。"虎"式直升机采用全复合材料轴承的 4 桨叶无铰旋翼系统，尾桨为 3 叶，安装在垂尾的右侧，平尾置于尾梁后和垂尾前，在两端还装有与垂尾形状相同，但尺寸略小的副垂尾。

"虎"式直升机侧面视角

战斗性能

"虎"式直升机装有 1 门 30 毫米机炮，另可搭载 8 枚"霍特 2"或新型 PARS-LR 反坦克导弹、4 枚"毒刺"或"西北风"空对空导弹。此外，其还有 2 具 22 发火箭吊舱。该型机的机载设备较为先进，视觉、雷达、红外线、声音信号都减至最低水平。"虎"式直升机能够抵御 23 毫米自动炮火射击，其旋翼由能承受战斗破坏的纤维材料制成，并且针对雷电和电磁脉冲采取了防护措施。

"虎"式直升机在高空飞行

趣闻逸事

1995年上映的皮尔斯·布鲁斯南出演的首部也是007全系列的第17部电影《黄金眼》中，反派齐妮亚·奥纳托和乌鲁莫夫将军偷了1架表演用的"虎"式直升机，为的是得到黄金眼的硬件密码盒。

停机坪中的"虎"式直升机

TOP 6 CSH-2 "石茶隼" 武装直升机

CSH-2 "石茶隼" 直升机是由南非阿特拉斯公司研制的武装直升机，主要任务是在有地对空导弹威胁的环境中进行近距空中支援、反坦克、反火炮以及护航。

排名依据

CSH-2 直升机的研制采取了尽量利用现有技术的方针，如利用了"美洲豹"直升机的旋翼和发动机等动力部件，并借鉴了美国AH-64 直升机的设计技术，所以成本少、风险小、收效快。按照 2007 年的币值，CSH-2 直升机的单机造价约 4000 万美元。CSH-2 直升机配备的机炮具有较高的射击精度，射击员能在一定距离上用一发炮弹击中人体大小的目标，而不是像美国和苏联武装直升机那样采用"弹幕"杀伤的方法。

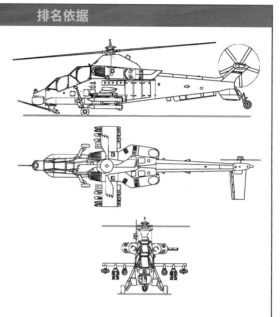

⫸ 建造历程

出于各方面的原因，南非军队在 20 世纪 90 年代之前要长期面对直接作战任务。这些任务往往规模小但强度大，因此南非军队对装备的要求很高，最重要的要求是独立作战能力必须非常好，性能要可靠，对后勤维护依赖程度低。经过不断努力，南非的地面装备均达到了上述要求。此后，南非陆军又着手研制一种具有世界先进水平的武装直升机，为地面提供支援，这就是 CSH-2 "石茶隼"武装直升机。该直升机于 1984 年开始研制，1990 年 2 月首次试飞，1995 年投入使用。

CSH-2 直升机侧面视角

机体构造

　　CSH-2 直升机的座舱和武器系统布局与美国 AH-64 直升机相似：机组为飞行员、射击员 2 人。纵列阶梯式驾驶舱使机身中而细长。后三点跪式起落架使直升机能在斜坡上着陆，增强了抗坠毁能力。2 台涡轮轴发动机安装在机身肩部，可提高抗弹性。该型机采用了两侧短翼来携带外挂的火箭、导弹等武器。前视红外、激光测距等探测设备位于机头下方的转塔内，前机身下安装有外露的机炮。

与 AH-64 直升机不同的是，CSH-2 直升机的炮塔安装在机头下前方，而不是在机身正下方。这个位置使得机炮向上射击的空间不受机头遮挡，射击范围比 AH-64 直升机大得多。

CSH-2 直升机仰视图

战斗性能

　　CSH-2 直升机装有 1 门 20 毫米 GA 机炮。每个后掠式短翼装有 3 个挂架，2 个内侧挂架可挂载 68 毫米火箭发射器，2 个外侧挂架能挂容量为330 升的可抛投油箱或 ZT-3 "蛇鹈" 激光制导反坦克导弹，2 个翼尖挂架则各能挂载 1 枚 V3B "短刀" 红外制导短距空对空导弹，在飞行员的头盔瞄准器没有对准目标的情况下也可发射并击中目标。CSH-2 直升机的驾驶舱舒适，自动化程度高，这对恶劣条件下保持机组战斗力很有好处。

跑道上的 CSH-2 直升机

趣闻逸事

CSH-2 直升机的生存性设计采用了阶梯式原理：首先是不被探测；如被探测，求不被击中；如被击中，求避免坠毁；如坠毁不可避免，则求坠毁后飞行员生存。CSH-2 直升机能以 6 米/秒的下降速度着陆，在 10 米/秒的下降速度垂直撞击地面时，起落架、座椅能逐级吸收撞击能量，使飞行员得以生存。

低空飞行的 CSH-2 直升机

TOP 5 米-24 "雌鹿" 武装直升机

米-24 "雌鹿" 直升机是苏联米里设计局研制的苏联第一代专用武装直升机，于 1972 年开始服役至今。

排名依据

米-24直升机的造价相对较低，但作战性能颇为出色，不但具有强大的攻击火力，而且还有一定的运输能力。1975年，1位女机师用米-24直升机创下了最快爬升、最快速度、最高高度的直升机世界纪录。该型机的缺点在于自身目标大，很容易被敌军防空武器击落。

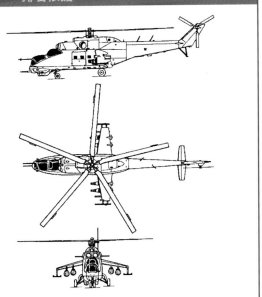

建造历程

1968年，苏联陆军提出了米-24直升机的设计要求，由米里担任总设计师，1969年原型机首次试飞。1970年米里去世之后，季莫申科接替了他的职务，并主持设计了后来大量装备军队的米-24D直升机。米-24直升机于1971年定型，1972年年底投入批量生产，随后开始装备部队使用。除了苏联和俄罗斯，米-24直升机还出口到30多个国家，包括阿富汗、阿尔及利亚、安哥拉、印度、伊拉克、利比亚、尼加拉瓜、越南、也门等国。

米-24直升机准备降落

▌▌▌▷ 机体构造

　　米-24 直升机的机身为全金属半硬壳式结构，驾驶舱为纵列式布局。前座为射手，后座为驾驶员。后座比前座高，驾驶员视野较好。座舱盖为铰接式，向右打开。驾驶舱前部为平直防弹风挡玻璃，重要部位装有防护装甲。主舱设有 8 个可折叠座椅，或 4 个长椅，可容纳 8 名全副武装的士兵。主舱两侧各有 1 个铰接舱门，水平分开成两部分，可分别向上和向下打开。舱内备有加温和通风装置。

米-24 直升机在高空飞行

▌▌▌▷ 战斗性能

　　米-24 直升机的主要武器为 1 挺 12.7 毫米"加特林"四管机枪。该型机有 4 个武器挂载点，可挂载 4 枚 AT-2"蝇拍"反坦克导弹，或 128 枚 57 毫米火箭弹（4 具 UV-32-57 火箭发射器）。此外，还可挂载 1500 千克化学或常规炸弹，以及其他武器。米-24 直升机的机身装甲很强，可以抵抗 12.7 毫米子弹攻击。

米-24 直升机在低空飞行

趣闻逸事

米-24直升机的作战任务主要为压制敌方地面部队和防空火力，并且能够运输少量的步兵执行战术作战。因为外形轮廓和迷彩纹路和鳄鱼相似，苏联飞行员称其为"飞行战车"或"鳄鱼"。

米-24直升机侧面视角

4 TOP AH-1"眼镜蛇"武装直升机

AH-1"眼镜蛇"直升机是美国贝尔直升机公司研制的武装直升机，于1967年开始服役。截至2016年12月，AH-1直升机仍有不少改进型号在役。

排名依据

AH-1直升机是美国第一代武装直升机，也是世界上第一种专门开发的专用武装直升机，其飞行与作战性能好、火力强，被许多国家广泛使用，经久不衰并几经改型。按照1995年的币值，AH-1直升机的单机造价约1130万美元。

20 世纪 60 年代中期，美国在越战中使用的直升机由于火力低劣、装甲薄弱且速度缓慢，导致损失惨重。美国陆军迫切希望拥有一种高速度、重装甲、强火力的武装直升机，为运输直升机提供沿途护航，并为步兵预先提供空中压制火力。作为世界上第一代武装直升机的 AH-1 "眼镜蛇" 直升机，就诞生于这样的背景之下。1965 年 9 月，原型机首次试飞。1966 年 4 月，美国陆军签订了第一批 110 架的合同。1967 年 6 月，第一批 AH-1 武装直升机交付并开始服役。该型机的主要用户包括美国、土耳其、西班牙、约旦、巴基斯坦、以色列、智利、巴林、泰国、日本、韩国等。

AH-1 直升机编队飞行

AH-1 直升机的机身为窄体细长流线型，两侧有外挂武器的短翼，翼下各有 2 个武器挂架。机头凸起，下方吊装机炮。座舱为纵列双座布局，射手在前，驾驶员在后。前舱门在左侧，后舱门在右侧。起落架为管状滑橇式，不可收放。单引擎型设有较凸出的粗大排气管，由机身后部伸出，与大梁平行。双引擎型的发动机置于双肩，较短的排气管在机身后部并列配置，以一定角度外倾。

　　AH-1 直升机采用两叶旋翼和两叶尾桨，桨叶由铝合金大梁、不锈钢前缘和铝合金蜂窝后段组成，桨尖后掠。尾桨由铝合金蜂窝和不锈钢前缘及蒙皮组成，位于右侧。尾梁较长，其中部两侧有水平安定面，可增加俯仰方向的稳定性。垂尾后掠角较大，弦长较小。该机采用 2 台通用动力 T700-GE-401 涡轮轴发动机，单台功率 212 千瓦。

AH-1 直升机在山区执行任务

战斗性能

　　AH-1 直升机的主要用途是攻击装甲目标，其机身细长、正面狭窄，在一定程度上提高了生存性能，不易被攻击。AH-1 直升机的主要武器为 1 门 20 毫米 M197 机炮（备弹 750 发），机身上有 4 个武器挂载点，可按不同配置方案选挂 BGM-71"陶"式、AIM-9"响尾蛇"和 AGM-114"地狱火"等导弹，以及不同规格的火箭发射巢和机枪吊舱等。

　　AH-1 直升机的座椅、驾驶舱两侧及重要部位都有装甲保护，自密封油箱能耐受 23 毫米口径机炮炮弹射击。机身内设 2 个自密封油箱，可装燃油1153 升。机身两侧短翼也可外挂 2 ～ 4 个油箱。AH-1 直升机可以适应海洋气候，占用甲板空间较小，这一特点对于美国海军陆战队来说非常重要。

趣闻逸事

　　AH-1 直升机最初使用的编号为 UH-1H，后来美军启用了武装直升机的专用编号 A，因此被改为 AH-1。该直升机因型号不同而有许多称号，如"蝰蛇""休伊眼镜蛇""海眼镜蛇""超级眼镜蛇""W眼镜蛇""Z眼镜蛇"等。

AH-1W"超级眼镜蛇"直升机

TOP 3　卡-50"黑鲨"武装直升机

　　卡-50"黑鲨"直升机是苏联卡莫夫设计局研制的单座武装直升机，于 1995 年开始服役，主要用户为俄罗斯空军和俄罗斯海军航空兵。

排名依据

　　卡-50 直升机是目前世界上唯一单人操作的武装直升机，除了能完成反坦克任务外，还可用来执行反舰、反潜、电子侦察、搜索和救援等任务。该型机是世界上第一种采用单人座舱、同轴反转旋翼、弹射救生座椅的武装直升机。按照 2011 年的币值，卡-50 直升机的单机造价约 1600 万美元。

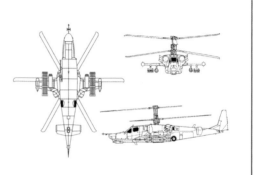

建造历程

卡 -50 直升机于 1977 年完成设计，1982 年 7 月 27 日首次试飞，1984 年首次对外公开，1991 年开始交付使用，1992 年年底获得初步作战能力，1995 年 8 月正式服役。幸运的是，在苏联解体大砍军费前，卡 -50 直升机就已经进入了全尺寸生产阶段，所以只被减少了建造数量，整个项目并没有因此夭折。

卡 -50 直升机在低空飞行

机体构造

卡 -50 直升机的机身为半硬壳式金属结构，采用单座舱设计。座舱位于机身前端，座舱内装有米格 -29 战斗机的头盔显示器及其他仪表，包括飞行员头盔上的瞄准系统。另外，在仪表板中央装设了低光度电视屏幕，它可以配合夜视装备使卡 -50 直升机具有夜间飞行能力。卡 -50 机身中部上方装有 2 台 TB3-117 涡轮轴发动机，每台功率 1640 千瓦。

卡 -50 直升机是世界上第一种采用同轴反向旋翼的武装直升机，2 部同轴反向旋翼装在机身中部，每部 3 叶旋翼，各旋翼的旋转作用力相互抵消，因此不需要尾桨，尾部也不需要再配置复杂的传统系统，整机的重量大大减轻。最重要的是，不再需要传输部分动力去转动尾旋翼，动力全部供给主旋翼，大大增加了直升机的升力。该型机的机尾只是为了平衡全机的空气动力和改善操纵性，即使整个尾部被打掉，卡 -50 仍能安全着陆。

卡 -50 直升机侧面视角

▊▊▊▷ ★ 战斗性能

　　卡 -50 直升机装有 1 门液压驱动的 30 毫米 2A42 机炮，最大载弹量为 500 发。机身上共有 4 个武器挂载点，可挂载 16 枚 AT-9 "旋风" 反坦克导弹，或 80 枚 80 毫米 S8 型空对地火箭（4 个火箭弹舱）。此外，还可使用 AS-12 导弹、P-60M "蚜虫" 导弹、P-73 "射手" 导弹、FAB-500 型炸弹、23 毫米机炮吊舱等。

　　卡 -50 直升机的座舱具有双层防护钢板，能够抵挡住 12.7 毫米子弹的射击。座椅下方还装有蜂巢式底架，可以减缓震动，防止飞行员在坠毁或重落地时受伤。最重要的是，卡 -50 直升机是第一架像战斗机一样配备了弹射座椅的直升机，飞行员利用此装置逃生只需要短短的 2.5 秒。

卡 -50 直升机编队飞行

趣 闻 逸 事

　　在网络游戏《战争前线》中，卡 -50 直升机作为黑木帝国主力直升机，在 PVE 模式地图 "遭遇直升机" "逃出生天" "黑鲨行动" "空中楼阁" "大坝风云" 中作为关底 BOSS 出现，攻击方式为火箭和机炮，只有 SA-16 导弹才能对其造成有效伤害。

卡 -50 直升机俯视角

米 -28 "浩劫" 武装直升机

米 -28 "浩劫" 直升机是俄罗斯米里设计局研制的单旋翼带尾桨全天候专用武装直升机，于 1996 年开始服役。

排名依据

米 -28 直升机综合性能优异，多年来经常出现在国际武器装备展，是俄制新世代武器装备的代表之一。按照 2002 年的币值，米 -28 直升机的单机造价约 1600 万美元。该型机是目前世界上唯一的全装甲直升机，重要系统和关键部件都采用了双重设置，随时可替换使用。

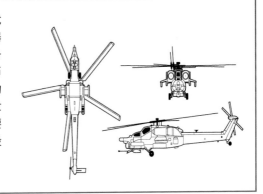

建造历程

米 -28 直升机于 1972 年开始设计，1982 年 11 月首次试飞，1989 年 6 月完成 90% 的研制工作，并在法国的国际航空展首次亮相。由于设计思维大量借鉴了 AH-64 "阿帕奇" 直升机，因此米 -28 被西方国家戏称为 "阿帕奇斯基"。虽然自问世以来，米 -28 的综合性能受到俄军的高度肯定，然而苏联解体之后的俄军缺乏足够的采购经费，因此很长一段时间内都无力购买。目前，俄罗斯装备了少量米 -28 直升机。此外，委内瑞拉、土耳其等国也曾少量采购。

米 -28 直升机表演特技动作

▐▐▐▷ 机体构造

米 -28 直升机的机身为全金属半硬壳式结构材料，驾驶舱为纵列式布局，四周配有完备的钛合金装甲，并装有无闪烁、透明度好的平板防弹玻璃。前驾驶舱为领航员 / 射手，后面为驾驶员。座椅可调高低，能吸收撞击能量。起落架为不可收放的后三点式。该机的旋翼系统采用半刚性铰接式结构，大弯度的高升力翼型，前缘后掠，每片后缘都有全翼展调整片。桨叶为 5 片，转速 242 转 / 分。

▐▐▐▷ 战斗性能

米 -28 直升机的主要武器为 1 门 30 毫米 2A42 机炮，备弹 250 发。该机有 4 个武器挂载点，可挂载 16 枚 AT-6 反坦克导弹，或 40 枚火箭弹（2 个火箭巢）。此外，该型机还可以挂载 AS-14 反坦克导弹、R-73 空对空导弹、炸弹荚舱、机炮荚舱。米 -28 直升机的内部总油量为 1900 升，还可吊挂 4 个外部油箱。该机的机身横截面小，有助于提高灵活性和生存能力。座舱安装了 50 毫米厚的防弹玻璃，能承受 12.7 毫米枪弹的打击。旋翼叶片上有丝状玻璃纤维包裹，发动机和油箱都有合格的防护措施。

停机坪中的米 -28 直升机

趣闻逸事

　　2008 年 7 月，米 -28 直升机完成在山地条件下的例行试验，从而证实了这种武装直升机白天在 3000 米高山未平整场地安全起飞和降落的能力。

米 -28 直升机编队飞行

动力系统

　　米 -28 武装直升机采用 2 台克里莫夫设计局 TV3-117 发动机，装在机身两侧的发动机短舱中，短舱位于机身两侧短翼翼根上方。两台发动机位置离得较远，中间由减速器隔开，可以防止一弹击中两台发动机。在部件配置上也作了巧妙安排；让不太重要的部件作为屏障，以遮挡和保护关键部件，这样便可在不用防弹钢板的情况下提高直升机的抗弹能力。两台发动机进气口装有导流板，可排除砂石、灰尘和外来物，采用发动机引气实现进气道防冰，内部总油量为 1900 升，还可吊挂 4 个外部油箱。

米 -28 直升机编队作战

米 -28 直升机在高空飞行

航空电子

米 -28 武装直升机装有先进的电子设备，机上还装有火控雷达、前视红外系统、光学瞄准系统、多普勒自动导航系统、昼夜目视系统和火控系统，机炮和制导导弹的发射由前驾驶舱控制，火箭发射由两个驾驶舱分别控制；头部圆形整流罩内装有雷达天线，螺旋桨液压油箱上装有"弩"毫米波雷达，可探测隐身目标；尾部装有红外照相弹和箔条弹；此外，还装有红外抑制和红外诱饵系统。

米 -28 驾驶舱外部特写

米-28 机鼻部位特写

实战掠影

　　2009 年 6 月 19 日，俄罗斯陆军一架米-28N 直升机在进行火箭弹发射试验时坠毁。这是米-28N 直升机首次发生坠毁事故。这架直升机失事时，正在 40 米低空盘旋，发射非制导火箭弹，直升机突然失去动力并坠毁。其尾部螺旋桨和挂架在事故中损毁，但两名乘员幸免于难。

米-28 直升机搭载的武器

米-28直升机头部特写

米-28直升机在低空飞行

AH-64 "阿帕奇" 武装直升机

　　AH-64 "阿帕奇" 直升机是由美国麦克唐纳·道格拉斯公司 (现波音公司) 制造的全天候双座武装直升机, 作为 AH-1 "眼镜蛇" 直升机的后继机种。

排名依据

　　AH-64 直升机是美国陆军的现役主力武装直升机, 其最先进的改型为 AH-64D "长弓阿帕奇", 拥有相当出色的作战能力。按照 2010 年的币值, AH-64D 型的单机造价高达 6500 万美元。AH-64 直升机以其卓越的性能、优异的实战表现, 自诞生之日起就一直被认为是世界上综合作战能力最强的武装直升机。

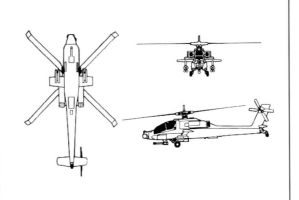

建造历程

20 世纪 70 年代初期，鉴于 AH-1 "眼镜蛇" 武装直升机在实战中表现良好，美国陆军决心发展一种更为先进的武装直升机，并提出了 "先进技术武装直升机" （AAH）计划，要求研制一种具备较强环境适应力，可昼夜作战且要具备较强战斗力、救生能力和生存能力的先进技术直升机。波音、贝尔、休斯、洛克希德、西科斯基五家公司参与了竞标，其中贝尔和休斯进入了第二阶段竞标。

休斯的 YAH-64 原型机于 1975 年 9 月首次试飞，1976 年 5 月竞标获胜，1981 年正式被命名为 "阿帕奇"，1984 年 1 月第一架生产型交付。

AH-64D 型直升机在湖泊上空飞行

机体构造

AH-64 直升机的机身采用传统的半硬壳结构，前方为纵列式座舱，副驾驶员 / 炮手在前座、正驾驶员在后座。正驾驶员座位比前座高，且靠近直升机转动中心，视野良好，有利于驾驶直升机贴地飞行。起落架为后三点式，支柱可向后折叠，尾轮为全向转向自动定心尾轮。该型机采用四片桨叶全铰接式旋翼系统、钢带叠层式接头组件和弹性体摆振阻尼器。旋翼桨叶为大弯度翼型，采用了后掠桨尖。桨叶上装有除冰装置，可折叠或拆卸。尾桨位于尾梁左侧，4 片尾桨桨叶分两组非均匀分布。

在低空飞行的 AH-64 直升机

战斗性能

　　AH-64 直升机的主要武器为 1 门 30 毫米 M230 "大毒蛇" 链式机关炮，备弹 1200 发。该型机有 4 个武器挂载点，可挂载 16 枚 AGM-114 "地狱火" 导弹，或 76 枚火箭弹（4 个 19 管火箭发射巢），也可混合挂载。此外，改进型号还可使用 AIM-92 "刺针"、AGM-122 "赛德阿姆"、AIM-9 "响尾蛇"、BGM-71 "拖" 式等

AH-64 直升机做出高难度机动动作

导弹。AH-64 直升机旋翼的任何部位都可抗击 12.7 毫米子弹，机身表面的大部分位置在被 1 发 23 毫米炮弹击中后，都能保证继续飞行 30 分钟。前后座舱装甲也能够抵御 23 毫米炮弹的攻击，在 2 台发动机的关键部位也加强了装甲防护。

趣闻逸事

　　相传阿帕奇是一个英勇善战的武士，被印第安人奉为勇敢和胜利的代表，因此后人便用他的名字为印第安部落命名，而阿帕奇部落在印第安历史上也以强悍著称。AH-64 直升机以此为名，正是取其 "勇敢和胜利" 的寓意。

AH-64 直升机正面视角

动力系统

　　AH-64 直升机最初安装两台通用动力公司的 T-700-GE-701 涡轴发动

机，属于 T-700 系列第一阶段改良的型号，总压比为 17，每台发动机的最大持续输出功率为 1110 千瓦（1510 马力），能以 1249 千瓦（1698 马力）持续输出 30 分钟（如起降阶段），在紧急情况下（例如只剩一台发动机）则能以 1267 千瓦（1723 马力）的功率输出 2.5 分钟。从 1990 年交付的

第 604 架 AH-64 直升机开始，发动机换成 T-700-GE-701C 涡轴发动机，这是 T-700 系列的第二阶段改进，总压比提高至 18，最大持续输出功率增为 1222 千瓦（1662 马力），能以 1324 千瓦（1800 马力）的功率持续输出 30 分钟，2.5 分钟持续紧急出力提升为 1427 千瓦（1940 马力）。

AH-64 直升机在高空飞行

AH-64 直升机桨毂特写

航空电子

AH-64 直升机拥有一流的观测 / 火控系统，主要的观测系统都位于机首，分为两个部分：AN/ASQ-170 目标获得系统（TADS）以及 AN/AAQ-11 飞行员夜视系统（PNVS）。TADS 分为五个部分：激光测距与标定仪、前

视红外线系统（FLIR）、炮手专用光学直接瞄准仪、日间电视摄影机以及激光标定仪，全部安装于一个位于机鼻且具有双轴稳定系统的旋转塔内，使得乘员在激烈的战术运动中能顺利瞄准目标，而 FLIR 的使用更大幅增加了 AH-64 直升机的夜间战斗能力。

　　PNVS 则是一具专供夜间飞行用的 FLIR，位于机鼻上方的一个独立的旋转塔内，让飞行员在进行危险性高的夜间地貌飞行时拥有更清晰的外部影像。TADS 的水平旋转范围为左右各 120 度，垂直俯仰范围为 -60 ～ +30 度；而 PNVS 的水平旋转范围为左右各 90 度，垂直俯仰范围 -45 ～ +20 度。AH-64 直升机以 FLIR 取代星光夜视镜作为机上主要的夜视系统，在当时算是一大革新。传统星光夜视镜的基本运作原理乃是放大外界微弱可见光源，在恶劣天候、浓烟等外来光源被阻断的环境中效能将大打折扣，此外也无法穿透掩蔽物；而被动地感测外界红外线讯号的 FLIR 在理论上能克服此种障碍，甚至可以侦测到树丛与掩体中的敌方目标。

AH-64 直升机头部特写

AH-64 直升机驾驶舱外部

实战掠影

　　AH-64 直升机首次实战是在 1989 年 12 月美国入侵巴拿马逮捕曼纽尔·诺列加将军的"正义事业行动"，当时美军第 82 空降师的 11 架 AH-64 直升机参与了行动。此役，AH-64 直升机总共执行了 200 小时的飞行任务，期间发射 7 枚"地狱火"导弹，目标包括诺瑞加将军的总部，结果 7 枚全数命中。1999 年科索沃危机期间，美国陆军以空运快速部署了 16 架 AH-64 直升机至该地区，协助当地美军作战。

　　2002 年 3 月，美国对阿富汗发动"持久自由行动"，AH-64 直升机也参与了这场反恐之战。由于阿富汗装甲力量薄弱，所以 AH-64 直升机多半执行对地面部队的火力支援或深入打击。不过阿富汗步兵发明出了一种简单、成本低廉又有效的反直升机战术，给美军 AH-64 机队制造了不少麻烦。

AH-64 直升机的火箭发射巢

AH-64 直升机编队

AH-64 直升机左侧视角

Chapter 07

通用直升机

　　通用直升机可以进行运输，也可以搭载武器进行对地支援，还可以进行救护、侦察、反潜等任务（需加挂不同的设备）。本章详细介绍了通用直升机制造史上影响力最大的 10 种型号，并根据核心技术、综合性能、单位造价、建造数量等因素进行了客观、公正的排名。

> 整体展示 ●

● **投产量、运用方、服役时间和生产厂商**

TOP 10　BO 105 通用直升机	
投 产 量	1500 架
运 用 方	德国陆军、西班牙陆军、印度尼西亚陆军、菲律宾海军
服役时间	1970 年至今
生产厂商	伯尔科夫公司

TOP 9　"云雀III" 通用直升机	
投 产 量	2000 架
运 用 方	法国陆军、法国空军、法国海军、韩国海军、印度空军、奥地利空军
服役时间	1960 年至今
生产厂商	法国宇航公司

TOP 8　"小羚羊" 通用直升机	
投 产 量	1775 架
运 用 方	法国陆军、英国陆军、埃及空军、黎巴嫩空军
服役时间	1973 年至今
生产厂商	法国宇航公司、韦斯特兰公司

TOP 7　"山猫" 通用直升机	
投 产 量	450 架
运 用 方	英国陆军、英国海军、法国海军、德国海军
服役时间	1978 年至今
生产厂商	韦斯特兰公司、法国航宇公司

TOP 6 KUH-1"完美雄鹰"通用直升机	
投 产 量	40 架
运 用 方	韩国陆军
服役时间	2013 年至今
生产厂商	韩国航天工业公司

TOP 5 UH-1"易洛魁"通用直升机	
投 产 量	16000 架以上
运 用 方	美国陆军、日本陆上自卫队、澳大利亚空军、新西兰空军
服役时间	1959 年至今
生产厂商	贝尔直升机公司

TOP 4 EH-101"灰背隼"通用直升机	
投 产 量	147 架
运 用 方	英国空军、英国海军、意大利海军、丹麦空军
服役时间	1999 年至今
生产厂商	韦斯特兰公司、阿古斯塔公司

TOP 3 NH90 通用直升机	
投 产 量	244 架
运 用 方	德国陆军、法国陆军、意大利陆军、荷兰陆军、葡萄牙陆军
服役时间	2007 年至今
生产厂商	北约直升机工业公司

TOP 2 卡 -60"逆戟鲸"通用直升机	
投 产 量	112 架（计划）
运 用 方	俄罗斯空军
服役时间	2010 年至今
生产厂商	卡莫夫设计局

TOP 1　UH-60 "黑鹰" 通用直升机	
投 产 量	4000 架
运 用 方	美国陆军、土耳其陆军、韩国陆军、以色列空军、巴西陆军
服役时间	1979 年至今
生产厂商	西科斯基飞机公司

机体尺寸

TOP 10　BO 105 通用直升机

旋翼直径 9.84 米

机身长度 11.86 米
机身高度 3 米

TOP 9　"云雀III" 通用直升机

旋翼直径 11.02 米

机身长度 10.03 米
机身高度 3 米

TOP 8　"小羚羊" 通用直升机

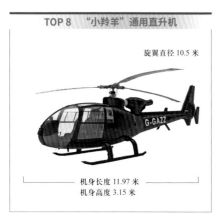

旋翼直径 10.5 米

机身长度 11.97 米
机身高度 3.15 米

TOP 7　"山猫" 通用直升机

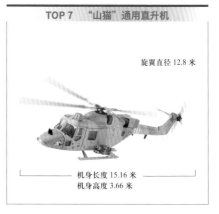

旋翼直径 12.8 米

机身长度 15.16 米
机身高度 3.66 米

TOP 6　KUH-1 "完美雄鹰" 通用直升机

旋翼直径 15.8 米

机身长度 19 米
机身高度 4.5 米

TOP 5　UH-1 "易洛魁" 通用直升机

旋翼直径 14.6 米

机身长度 17.4 米
机身高度 4.4 米

TOP 4　EH-101 "灰背隼" 通用直升机

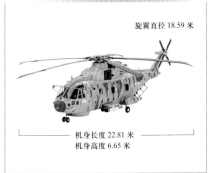

旋翼直径 18.59 米

机身长度 22.81 米
机身高度 6.65 米

TOP 3　NH90 通用直升机

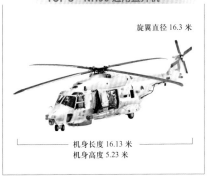

旋翼直径 16.3 米

机身长度 16.13 米
机身高度 5.23 米

TOP 2　卡 -60 "逆戟鲸" 通用直升机

旋翼直径 13.5 米

机身长度 15.6 米
机身高度 4.6 米

TOP 1　UH-60 "黑鹰" 通用直升机

旋翼直径 16.36 米

机身长度 19.76 米
机身高度 5.13 米

基本战斗性能对比

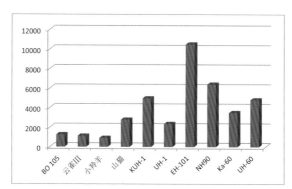

空重对比图（单位：千克）

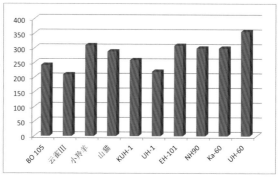

最大速度对比图（单位：千米/时）

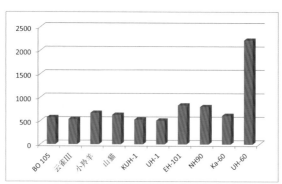

最大航程对比图（单位：千米）

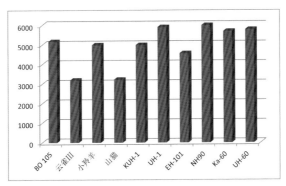

实用升限对比图（单位：米）

BO 105 通用直升机

BO 105 通用直升机是德国伯尔科夫公司研制的双发轻型多用途通用直升机，于 1970 年开始服役。

排名依据

BO 105 通用直升机产量较高，拥有多种衍生型号，被全球 40 多个国家和地区采用，不管是军用领域还是民用领域都有不错的口碑。按照 1991 年的币值，BO 105 通用直升机的单机造价约 186 万美元。

建造历程

BO 105 通用直升机于 1967 年 2 月 16 日首次试飞，德国民用航空局在 1970 年 10 月 13 日为该型机授予了飞行与制造许可证，美国联邦航空局在 1972 年 4 月正式许可该机向美国出口。1972 年开发的 BO 105C 被德国国防部选为轻型侦察直升机，购买了大约 100 架。同一时期装备"霍特"反坦克导弹的型号也交付德国陆军，总共订购 212 架。1976 年生产的 BO 105CB 换装了功率更大的艾利森 250-C20B 发动机，同时延长了机身，以满足美国方面对紧急医疗救护直升机的需求，这一改型被称为 BO 105CBS。1984 年研制的 BO 105LS 进一步加长了机身并使用更强大的艾利森 250-C28C 发动机，提升了最大起飞重量。

BO 105 直升机侧面视角

机体构造

BO 105 通用直升机的机身为普通半硬壳式结构，座舱前排为正、副驾驶员座椅，座椅上有安全带和自动上锁的肩带。后排座椅可坐 3 ～ 4 人，座椅拆除后可装 2 副担架或货物。座椅后和发动机下方的整个后机身都可用于装载货物和行李，货物和行李的装卸通过后部 2 个蚌壳式舱门进行。机舱每侧都有 1 个向前开的铰接式可抛投舱门和 1 个向后的滑动门。

BO 105 直升机在低空飞行

战斗性能

BO 105 直升机可携带"霍特"或"陶"式反坦克导弹,还可选用 7.62 毫米机枪、20 毫米 RH202 机炮以及无控火箭弹等武器。在空战时,该机还可使用 R550"魔术"空对空导弹。

贴地飞行的 BO 105 直升机

趣 闻 逸 事

2010 年 6 月 18 日,阿根廷电视频道 C5N 拥有的 1 架 BO 105 直升机在布宜诺斯艾利斯郊外坠毁,飞行员与摄影师身亡,事故原因不明。

BO 105 直升机参加实战演习

9 TOP "云雀III"通用直升机

"云雀III"通用直升机是法国宇航公司研制的单发轻型多用途直升机,于 1960 年开始服役。

排名依据

"云雀Ⅲ"直升机是法国宇航公司最成功的直升机之一，在 20 世纪 80 年代以前，该型机曾是世界上产量最大的直升机。时至今日，"云雀Ⅲ"直升机已被 70 余个国家采用，足见其性能优异。

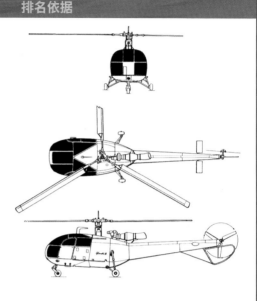

建造历程

"云雀Ⅲ"直升机分为 SA 316 系列和 SA 319 系列，前者于 1959 年 2 月 28 日首次飞行，1961 年 12 月 5 日取得法国适航证书，1962 年 3 月 27 日取得美国联邦航空局适航证书，1963 年 7 月 8 日取得联邦德国民航当局适航证书。SA 316 系列于 1960 年开始生产，先后有 SA 316A、SA 316B 和 SA 316C 等型号。而 SA 319 是 SA 316 的改进型，1967 年完成第一架原型机，1971 年开始批量生产，更换了功率更大的发动机。

"云雀Ⅲ"直升机在低空飞行

机体构造

"云雀III"直升机为单旋翼带常规尾桨布局，旋翼有3片全金属结构桨叶。机身上部装有1台"阿都斯特III"B型涡轮轴发动机，最大功率为649千瓦。机体下部为不可收放前三点轮式起落架。机舱内除驾驶员座椅外，其他座椅均可拆除，以便运载货物。

"云雀III"直升机侧面视角

战斗性能

"云雀III"直升机的军用型可以安装7.62毫米机枪或者20毫米机炮，还能外挂4枚AS11或者2枚AS12有线制导导弹，用于攻击装甲车辆或小型舰艇。"云雀III"直升机的反潜型安装了磁场异常探测仪，并可携带鱼雷攻击潜艇。此外，有的"云雀III"直升机还安装了能起吊175千克重量的救生绞车。

"云雀III"直升机准备降落

趣闻逸事

印度斯坦航空公司获得了"云雀III"直升机的生产许可证，在印度生产组装的印度版"云雀III"直升机，印度称为"印度豹"。印度组装的"印度豹"直升机绝大多数交给军队使用，也有部分提供给印度政府和民间客户。

8 TOP

"小羚羊"通用直升机

"小羚羊"直升机是法国宇航公司（现欧洲直升机公司法国分公司）和英国韦斯特兰公司共同研制的单发轻型多用途直升机，于1973年开始服役。

排名依据

在20世纪70～80年代，"小羚羊"直升机是一种非常优秀的直升机。1971年5月13日和14日，"小羚羊"直升机在伊斯特尔创造了三项E1C级世界纪录。按照1973年的币值，"小羚羊"直升机的单机造价约19.85万美元。

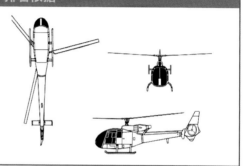

建造历程

"小羚羊"直升机的研制计划最初由法方提出，旨在取代"云雀 II"直升机。"小羚羊"直升机从1964年开始设计，1967年法、英两国签订了共同研制和生产的协议。第一架原型机称为SA 340，在1967年4月7日首次试飞。第二架原型机称为SA 341，于1968年4月首次试飞。经过改进的第一架预生产型在1971年8月6日首次试飞。除了法国和英国外，埃及和南斯拉夫也取得了"小羚羊"直升机的专利生产权。此外，伊拉克、爱尔兰、摩洛哥、安哥拉等国也有采用。

法国陆军装备的"小羚羊"直升机

机体构造

　　"小羚羊"直升机采用三片半铰接式 NACA0012 翼形旋翼，可人工折叠。尾桨为法国直升机中常见的涵道式尾桨，带有桨叶刹车。座舱框架为轻合金焊接结构，安装在普通半硬壳底部机构上。底部结构主要由轻合金蜂窝夹心板和纵向盒等构成。机体大量使用夹心板结构。起落架为钢管滑橇式，可加装机轮、浮筒和雪橇等。"小羚羊"直升机的动力装置为 1 台"阿斯泰阻 III"A 涡轮轴发动机，功率为 640 千瓦。

"小羚羊"直升机侧前方视角

战斗性能

　　"小羚羊"直升机的固定武器为 1 门 20 毫米机炮或 2 挺 7.62 毫米机枪，并可携带 4 枚"霍特"反坦克导弹或 2 个 68 毫米（或 70 毫米）火箭吊舱。机上有 2 个主油箱，总容量为 545 升，另外有 1 个位于座舱后方的 200 升转场油箱。机上装有发动机驱动的 4 千瓦直流发电机和 40 安小时电池，向 28 伏直流电系统供电。此外，该机也可选用 26 伏直流电系统。

英国海军装备的"小羚羊"直升机

趣闻逸事

1982 年 6 月 6 日凌晨，英国海军的 42 型驱逐舰"加地夫"号在马岛近海执行监视任务时，把 1 架隶属英国陆军航空兵的"小羚羊"直升机错认作阿根廷军方的C-130运输机，开火将其击落，导致机上 4 名乘员全部丧生。

英国陆军装备的"小羚羊"直升机

TOP 7 "山猫"通用直升机

"山猫"直升机是英国韦斯特兰公司研制的双发多用途直升机，于 1978 年开始服役，英国陆军和英国海军均有装备。

排名依据

"山猫"直升机的用途广泛，有陆军型和海军型，可用于执行战术部队运输、后勤支援、护航、反坦克、搜索救援、伤员撤退、侦察、指挥、反潜、反舰等多种任务。1982 年马岛战争时，"山猫"直升机是英国海军和英国陆军少数出色的先进直升机，因此作为英军主力全程参与了整场战争。

建造历程

"山猫"直升机是英国和法国合作生产的三种直升机（"美洲豹""小羚羊"和"山猫"）之一，合作协议于 1967 年 2 月提出，1968 年 4 月批准，设计工作由英国韦斯特兰公司负责。"山猫"直升机一共制造了 13 架原型机，

第一架原型机于 1971 年 3 月 21 日首次试飞。1974 年年初，"山猫"直升机开始批量生产，由英国韦斯特兰公司和法国航宇公司共同承担，英国分担 70% 的工作量，法国分担 30% 的工作量。

英国海军装备的"山猫"直升机

机体构造

"山猫"直升机的座舱为并列双座结构，采用 4 片桨叶半刚性旋翼和 4 片桨叶尾桨，旋翼桨叶可人工折叠，海军型的尾斜梁也可人工折叠。陆军型着陆装置为不可收放管架滑橇，海军型为不可收放前三点式起落架。

英国陆军装备的"山猫"直升机

战斗性能

"山猫"直升机的速度快、机动灵活，易于操纵。该机的座舱可容纳 1 名驾驶员和 10 名武装士兵。舱内可载货物 907 千克，外挂能力为 1360 千克。在执行武装护航、反坦克和空对地攻击任务时，可以携带 20 毫米机炮、

7.62 毫米机枪、68 毫米（或 80 毫米）火箭弹和各种反坦克导弹。海军型可携带鱼雷、深水炸弹或空对舰导弹。

趣 闻 逸 事

英阿马岛战争中，没有 1 架"山猫"直升机在战斗中被击落，但却有 3 架随着"大西洋运送者"号商船和"考文垂"号驱逐舰的沉没而葬身海底。作为战果，"山猫"直升机击沉了 1 艘阿根廷货船和一些轻型护卫舰。同时，还击沉了 1 艘上浮状态的阿根廷潜艇"圣菲"号。

"山猫"直升机侧面视角

TOP 6 KUH-1"完美雄鹰"通用直升机

KUH-1"完美雄鹰"通用直升机是韩国航天工业公司研制的一款多用途直升机，于 2013 年开始服役，主要用户为韩国陆军和韩国海军陆战队。

排名依据

KUH-1 直升机是韩国第一种国产多用途直升机，对于韩国航空工业和韩国军队来说具有里程碑意义。该机可以执行作战和搜救任务，对于多山的韩国来说可谓量身打造。按照 2013 年的币值，"雄鹰"直升机的单机造价约 1800 万美元。不过，该型机虽然实现了 90% 零部件的国产化，但仍有 10% 的关键部件需要从国外进口，包括 2 台美国通用电气 T-700 涡轮轴发动机。

建造历程

21 世纪初，韩国军队装备的 UH-1H 直升机 500MD 直升机老化严重。2006 年，韩国防卫事业厅和知识经济部投入 13000 亿韩元（约合 10.5 亿美元）着手进行名为 KUH 的直升机项目开发。最初，韩国与法国达成了引进技术的协议，而等到真正进入开发阶段时，法国却拒绝把一些核心技术转让给韩国，特别是旋翼桨叶设计制造技术。于是，韩国不得不独立进行研制工作，最终在 2010 年 3 月 10 日首次试飞成功。

低空飞行的 KUH-1 直升机

▐▐▐▶ 机体构造

KUH-1直升机借鉴了法国"超美洲豹"直升机的设计，两者有一定的相似之处。KUH-1直升机配备了全球定位系统、惯性导航系统、雷达预警系统等现代化电子设备，可以自动驾驶、在恶劣天气及夜间环境执行作战任务以及有效应对敌人防空武器的威胁。

KUH-1直升机侧前方视角

▐▐▐▶ 战斗性能

KUH-1直升机驾驶员的综合头盔能够在护目镜上显示各种信息，状态监视装置能够检测并预告直升机的部件故障。该机在两侧舱门口旋转枪架上装有新式7.62毫米XK13通用机枪，配有大容量弹箱，确保火力持续。KUH-1直升机的续航能力在2小时以上，可搭载2名驾驶员和11名全副武装的士兵。

KUH-1直升机前方视角

趣 闻 逸 事

KUH-1直升机的绰号Surion是韩国语发音，Suri意为"雄鹰"，on表示"完美"，因此Surion被译为"完美雄鹰"或"雄鹰百分百"。

KUH-1直升机编队飞行

UH-1 "易洛魁" 通用直升机

UH-1 "易洛魁" 通用直升机是由美国贝尔直升机公司研制的一款中型通用直升机，于1959年开始服役，截至2016年12月仍有少量在役。

排名依据

UH-1 直升机从服役起到20世纪70年代末一直是美国陆军突击运输直升机队的主力，该型机的改型很多，除了供美军使用外，还出口到许多国家和地区，生产数量非常庞大，是世界上生产数量最多的几种直升机之一。UH-1 直升机参加过20世纪60年代后的多数局部战争，拥有丰富的实战经历。

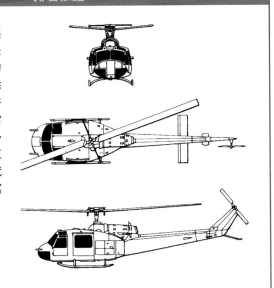

建造历程

美国陆军于1954年提出招标计划，1955年2月选中贝尔直升机公司的方案，公司内部代号定为204，军方初期代号为H-40。1956年10月20日，3架原型机中的第一架首次飞行，接着又研制了6架YH-40试用型和9

架预生产型 HU-1。1958 年 9 月第一架 HU-1 首次试飞，1959 年 6 月 30 日开始交付，并被命名为 HU-1"易洛魁"。1963 年，改用 UH-1 编号。从 20 世纪 80 年代开始，UH-1 直升机的地位逐渐被 UH-60 直升机代替。

停机坪中的 UH-1 直升机

机体构造

UH-1 直升机采用单发单旋翼带尾桨布局，尾桨装在尾斜梁左侧。机身为普通全金属半硬壳式结构材料，由 2 根纵梁和若干隔框及金属蒙皮组成。机身分前后两段，前段是主体，后段是尾梁。起落架是十分简洁的 2 根杆状滑橇。机身左右开有大尺寸舱门，便于人员及货物的上下。机内装有全套全天候飞行仪表、多通道高频收发报机、仪表着陆指示器、甚高频信标接收机和 C-4 导航罗盘等电子设备。

日本自卫队装备的 UH-1 直升机

战斗性能

UH-1 直升机可以搭载多种武器，常见配置为 2 挺 7.62 毫米 M60 机枪或 2 挺 7.62 毫米 GAU-17 机枪，加上 2 部 7 发或 19 发 91.67 毫米火箭吊舱。该型机早期型号装有 1 台 T53-L-11 涡轮轴发动机，起飞功率为 820 千瓦。后期型号换装了 T53-L-13B 涡轮轴发动机，功率为 1045 千瓦。

趣闻逸事

UH-1 直升机的绰号源于易洛魁联盟，这是美国殖民史中，由上纽约州的六个印第安人部落——摩和克人、奥内达人、奥农达加人、卡尤加人、塞尼卡人和图斯卡罗拉人组成的联盟，在 17 ～ 18 世纪法国和英国争夺北美的战争中起过重要作用。

美国陆军装备的 UH-1 直升机

TOP 4 EH-101 "灰背隼" 通用直升机

EH-101 "灰背隼" 通用直升机是英国韦斯特兰公司和意大利阿古斯塔公司联合研制的一款中型军民两用直升机，于 1999 年开始服役。

排名依据

按照 2009 年的币值，EH-101 直升机的单机造价约为 2100 万美元。该型机适应恶劣环境能力较强，可靠性较高，并具有全天候的部署能力，尤其适合在沙漠和雪地执行任务。英军曾在伊拉克战争中投入 EH-101 直升机，其表现较为抢眼。

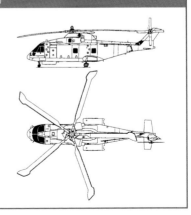

▶ 建造历程

EH-101 直升机侧面视角

　　EH-101 直升机于 1987 年 6 月首次试飞，1999 年开始服役。该机的主要用户包括英国海军、英国空军、意大利海军、阿尔及利亚海军、丹麦空军、印度空军、葡萄牙空军、日本海上自卫队和日本东京警视厅等。

▶ 机体构造

　　EH-101 直升机的机身结构由传统和复合材料构成，设计上尽可能采用多重结构式设计，主要部件在受损后仍能发挥作用。EH-101 直升机各个型号的机身结构、发动机和航空电子系统基本相同，主要区别在于执行不同任务时所需的特殊设备。该机的动力系统采用了主动振动控制技术，机舱内的噪声和振动不大于采用涡扇发动机的飞机。因此乘员的疲劳程度大大降低，机身寿命得到延长。

EH 101 直升机在高空飞行

▶ 战斗性能

　　EH-101 直升机具有全天候作战能力，可用于运输、反潜、护航、搜索救援、空中预警和电子对抗等。执行运输任务时，EH-101 直升机可装载 2 名飞行员和 35 名全副武装的士兵，或者 16 副担架加 1 支医疗队。EH-101 直升机的动力装置为 3 台罗尔斯·罗伊斯 RTM322-01 涡轮轴发动机，单台功率为 1566 千瓦。

EH 101 直升机开火

趣闻逸事

在 2005 年 4 月部署到伊拉克之前，人们都认为 EH-101 直升机不能适应那里的环境条件。事实证明，EH-101 直升机在伊拉克的表现好得出人意料，适应恶劣环境的能力极强，可靠性较高。在驻伊英军装备的几种直升机中，EH-101 直升机的完备率达 84%，"海王"直升机的完备率约为 50%，"山猫"直升机的完备率为70%。

NH90 通用直升机

NH90 通用直升机是德国、法国、意大利和荷兰等欧洲国家联合研制的一款中型通用直升机，于 2007 年开始服役。

排名依据

NH90 直升机主要用于人员与物资的战术性运输，还可执行医疗救护、电子战、飞行训练、要员运送等任务，并可以作为空中指挥所使用。为了能在未来严酷的作战环境中担负多种任务，NH90 直升机采用了大量高科技。按照 2013 年的币值，NH90 直升机的单机造价约为 5900 万美元。

建造历程

1985 年 9 月，英国、法国、德国、意大利和荷兰五国开始研制 NH90 直升机，当时号称是"欧洲最大的直升机项目"。NH 是"北约直升机"的英文字头缩写。1986 年 11 月，NH90 直升机完成了最初 14 个月研究阶段的工作。后来，英国退出了这一计划。1995 年 11 月，NH90 直升机的第一架原型机首次试飞。2000 年 6 月，NH90 直升机开始批量生产。2001 年 7 月，葡萄牙加入了 NH90 直升机计划。

NH90 直升机侧面视角

机体构造

NH90 直升机的机身由全复合材料制成，隐形性好，抗冲击能力较强。4 片桨叶旋翼和无铰尾桨也由复合材料制成，并采用了弹性轴承，可抵御 23 毫米炮弹攻击。油箱采用了最先进的自封闭式设计，被击中后不容易起火。NH90 直升机的动力装置为 2 台 RTM322-01/9 涡轮轴发动机，单台功率为 1600 千瓦。

NH90 直升机在高空飞行

战斗性能

NH90 直升机有足够的空间装载各种设备，或安置 20 名全副武装士兵的座椅，通过尾舱门跳板还可运载 2000 千克级车辆。一般情况下，NH90 直升机共可运载 14 ～ 20 人以及 2.5 吨的物资。值得一提的是，该机还可携带反舰导弹执行反舰任务，或为其他平台发射的反舰导弹实施导引或中继。

NH90 直升机准备降落

趣闻逸事

　　1992年，德国、法国、意大利和荷兰联合组建了北约直升机工业公司，作为NH90直升机的主承包商。欧洲直升机法国公司工作比例为42.4%，负责研制旋翼、尾桨系统和座舱；意大利阿古斯塔公司工作比例为26.9%，负责研制动力系统和任务系统；欧洲直升机德国公司工作比例为24%，负责研制主机身；荷兰福克公司工作比例为6.7%，负责研制尾段、主舱门和起落架。1996年，荷兰福克公司宣布破产，由于所占工作比例不大，所以没有对整个项目产生太大影响。

低空飞行的NH90直升机

2 TOP 卡-60 "逆戟鲸" 通用直升机

　　卡-60 "逆戟鲸" 通用直升机是俄罗斯卡莫夫设计局研制的一款双发多用途直升机，于2010年开始服役。

排名依据

　　卡-60直升机有着惊人的运载能力，如果把机内搭载和外挂能力都计算在内，其最大运载量可达到5吨。该机可以胜任多项作战和保障任务，既可以向作战地区或敌人后方投送兵员和弹药，也可以用于紧急护送伤病员，至于武装侦察、搜索救援和培训飞行员等任务更是轻而易举。

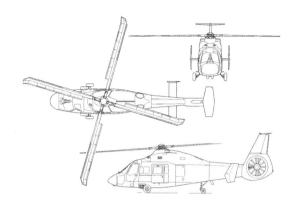

建造历程

　　卡-60 直升机的原型机于 1990 年开始制造，1997 年公开展示，1998
年进行首次飞行。由于俄罗斯经济

状况不佳，卡-60 直升机一直未能
量产，直到 2010 年后才开出生产
线，并获得一些外销订单（巴西和
哥伦比亚），它也成为未来俄罗斯
陆军航空兵的重要武器装备。

航展上的卡-60 直升机

机体构造

　　卡-60 直升机放弃了卡莫夫
设计局传统的共轴反转旋翼布局，
总体布局为 4 片桨叶旋翼和涵道
式尾桨布局，可收放式三点吸能起
落架。该型机有完美的空气动力外
形，　每侧机身都开有大号舱门，
尾桨有 11 片桨叶。座舱内的座椅
具有吸收撞击能量的能力。

卡-60 直升机侧前方视角

战斗性能

卡-60 直升机可以负担攻击、巡逻、搜索、救援行动、医疗后送、训练、伞兵空投和空中侦察等多种任务，其座舱可搭载 12 ～ 14 名乘客，要人专机布局时安装 5 个座椅。该型机早期型号的动力装置为 2 台诺维科夫设计局 TVD-1500 涡轮轴发动机，单台功率为 970 千瓦。后期的卡 -60R 改装 2 台罗尔斯·罗伊斯 RTM322 涡轮轴发动机，单台功率为 1395 千瓦。

卡 -60 直升机准备降落

趣 闻 逸 事

卡-60 直升机不仅可以单独执行多种任务，还可与卡 -50 和米 -28 武装直升机组成混合攻击编队，对敌方重要目标实施猛烈而突然的袭击，达到突袭效果。此外，由于装备有最先进的电子指挥控制系统、通信系统及导航设备，卡 -60 直升机还可以指挥若干武装直升机协同作战。

低空飞行的卡 -60 直升机

UH-60 "黑鹰" 通用直升机

UH-60 "黑鹰" 直升机是美国西科斯基公司研制的双发中型通用直升机，主要执行运送突击部队和攻击地面目标等任务。

排名依据

UH-60 直升机是美军目前使用最为普遍的直升机，美军各大军种均有装备，其生产数量超过 4000 架，有多种不同用途的衍生型号，拥有近乎完美的通用性。按照 2012 年的币值，UH-60 直升机的单机造价约为 2130 万美元。

建造历程

1972 年，为了替换老旧的 UH-1 "易洛魁" 直升机，美国陆军展开了 "通用战术运输机系统"（UTTAS）计划，研制用于部队运送、指挥控制、伤员撤离以及侦察的新型直升机。西科斯基和波音两家公司进行了竞标，两种飞机均于 1974 年首次试飞。1976 年 12 月，西科斯基公司的 YUH-60A 争取到了合同，定型为 UH-60 "黑鹰" 直升机。1979 年，UH-60 "黑鹰" 直升机进入美国陆军服役。除美国外，还有 20 多个国家装备。

低空飞行的 UH-60 直升机

机体构造

UH-60 直升机采用 4 片桨叶全铰接式旋翼系统，旋翼由钛合金和玻璃纤维制造，直径为 16.36 米，可以折叠。为了改善旋翼的高速性能，还采用了先进的后掠桨尖技术。4 片尾桨设在尾梁左侧，以略微上倾的角度安装，可协助主旋翼提供部分升力。另外尺寸很大的水平尾翼还可增加飞行中的

稳定性。UH-60 直升机采用 2 台通用动力公司 T700-GE-700 涡轮轴发动机，并列安装于机身顶部的两肩位置。2 台发动机由机身隔开，相距较远，如有一台被击中损坏，另一台仍可继续工作。

UH-60 直升机仰视图

战斗性能

与前代 UH-1 直升机相比，UH-60 直升机大幅提升了部队容量和货物运送能力。在大部分天气情况下，3 名机组成员中的任何一人都可以操纵飞机，运送 1 个全副武装的 11 人步兵班。UH-60 直升机通常装有 2 挺 7.62 毫米 M60 机枪、M240 机枪或 M134 航空机枪，1 具 19 联装 70 毫米火箭

发射巢。该型机还可发射 AGM-119 "企鹅" 反舰导弹和 AGM-114 "地狱火" 空对地导弹。UH-60 直升机在执行低飞作战任务时，极易遭受地面火力攻击，因此采取了很多措施提高生存力。

UH-60 直升机侧后方视角

趣 闻 逸 事

　　1993 年 10 月 3 日在索马里的军事干预行动中，两架 "黑鹰" 直升机在一次拙劣的突袭中被击落，索马里民兵拖着一名被击毙美军的尸体游街，这一悲惨的事件后来被拍成电影《黑鹰坠落》。在 "黑鹰坠落" 事件后，美国军方为了避免此类事件再次发生，发布了一条命令，即 "黑鹰" 直升机执行任务时必须要有 "阿帕奇" 或 "眼镜蛇" 武装直升机护航，这项命令下达后再也没出现过类似的悲惨情况。

UH-60 直升机在寒带执行任务

▶ 动力系统

　　UH-60 直升机装
有 2 台通用电气 T700-
GE-700 涡轴发动机,
单台功率 1165 千瓦。
在 2 台发动机间安装
有 1 台太阳涡轮公司
的 T62T-40-1 辅助动
力单元,用于启动发
动机及作为地面辅助
动力。UH-60 直升机
具有后三点式固定起
落架,配备了重型减
震器可承受粗暴着陆。
此外,机身下部还可
加装滑橇,以便在雪
地或沼泽起降。

UH-60 直升机在树梢高度飞行

UH-60 直升机在山区飞行

▶ 航空电子

　　UH-60 直升机在
服役中升级了自卫对
抗系统,包括用于干
扰热寻的导弹的 AN/
ALQ-144 "迪斯科灯",
AN/APR-39(V)1 和 AN/
APR-44 雷达告警接收
机,安装在尾梁前部

UH-60 直升机编队

两侧的 AN/ALE-39 箔条 - 红外干扰弹投放器。UH-60 直升机的座舱为兼容夜视镜进行了改进，航电方面也进行了升级，还增加了飞行数据记录仪、卫星通信接收机、集成 GPS 的惯导系统。

UH-60 直升机驾驶舱内部

实战掠影

1991 年海湾战争爆发，UH-60A/L 都参加了作战，美国陆军在战区部署了约 400 架各种型号的"黑鹰"直升机。这些直升机在部署到战区前安装了针对沙漠环境的防护设备，并优先进行了远程油箱和改进型航电之类的升级。1991 年 2 月 24 日地面战第一天，"黑鹰"直升机成为史上规模最大的直升机空运行动的主力，超过 300 架直升机向伊拉克沙漠中的"眼镜蛇"着陆场进行了突击运输。6 架"黑鹰"直升机在战争中损失，其中 2 架战损，4 架因事故毁损。

2015 年 5 月 10 日，哥伦比亚军方一架"黑鹰"直升机在哥伦比亚中部地区因遭遇技术故障坠毁，导致 4 名士兵死亡，2 人受伤。

UH-60 直升机吊运车辆

日本陆上自卫队装备的 UH-60 直升机

美国陆军装备的 UH-60 直升机

Chapter 08

侦察/电子战飞机

　　侦察机是专门用于从空中进行侦察、获取情报的军用飞机，是现代战争中的主要侦察工具之一。而电子战飞机是一种专门对敌方雷达、电子制导系统和无线电通信设备进行电子侦察、干扰和攻击的飞机。本章详细介绍了侦察机和电子作战机制造史上影响力最大的五种型号，并根据核心技术、综合性能、单位造价、建造数量等因素进行了客观、公正的排名。

投产量、运用方、服役时间和生产厂商

TOP 5　　EP-3 "猎户座" 电子侦察机	
投 产 量	16 架
运 用 方	美国海军、日本海上自卫队
服役时间	1969 年至今
生产厂商	洛克希德公司

TOP 4　　EA-6 "徘徊者" 电子作战机	
投 产 量	191 架
运 用 方	美国海军、美国海军陆战队
服役时间	1964 年至今
生产厂商	格鲁曼公司

TOP 3　　RC-135 "铆接" 侦察机	
投 产 量	32 架
运 用 方	美国空军、英国空军
服役时间	1965 年至今
生产厂商	波音公司

TOP 2　　U-2 "蛟龙夫人" 侦察机	
投 产 量	104 架
运 用 方	美国空军
服役时间	1957 年至今
生产厂商	洛克希德公司

TOP 1　SR-71 "黑鸟" 侦察机	
投 产 量	32 架
运 用 方	美国空军
服役时间	1966 年至 1998 年
生产厂商	洛克希德公司

 机体尺寸

TOP 5　EP-3 "猎户座" 电子侦察机

翼展 30.36 米

机身长度 32.28 米
机身高度 10.27 米

TOP 4　EA-6 "徘徊者" 电子作战机

翼展 15.9 米

机身长度 17.7 米
机身高度 4.9 米

TOP 3　RC-135 "铆接" 侦察机

翼展 39.88 米

机身长度 41.53 米
机身高度 12.7 米

TOP 2　U-2 "蛟龙夫人" 侦察机

翼展 30.9 米

机身长度 19.1 米
机身高度 4.8 米

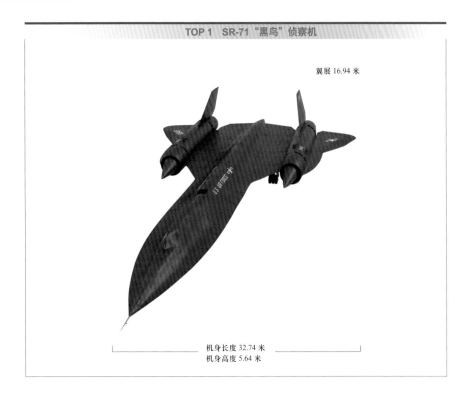

TOP 1　SR-71 "黑鸟" 侦察机

翼展 16.94 米

机身长度 32.74 米
机身高度 5.64 米

基本战斗性能对比

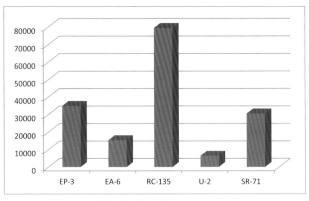

空重对比图（单位：千克）

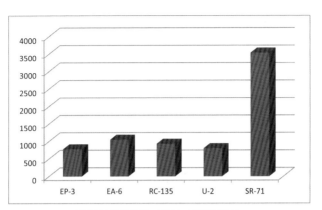

最大速度对比图（单位：千米/时）

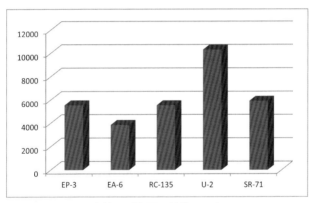

最大航程对比图（单位：千米）

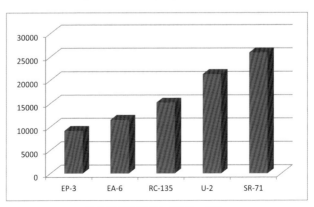

实用升限对比图（单位：米）

EP-3 "猎户座" 电子侦察机

EP-3 "猎户座" 电子侦察机是 P-3 "猎户座" 海上巡逻机的电子侦察机衍生型，于 1969 年开始服役。

排名依据

EP-3 电子侦察机能够完成多种侦察、监视任务，尤其在监听敌方无线电通信方面的作用很大，包括广播、无线电台、电报、对讲机、手机等。按照 2009 年的币值，EP-3E 侦察机的单机造价约为 3600 万美元。

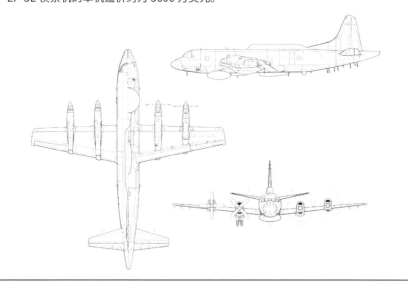

建造历程

　　EP-3 电子侦察机于 1962 年首次试飞，1969 年开始服役，先后有 EP-3A 和 EP-3B 两种型号。1974 年，EP-3 电子侦察机全面替换了 EC-121 "超级星座" 电子作战机。此后，洛克希德公司又推出了深入改进型 EP-3E。截至 2016 年 12 月，美国海军共拥有 11 架 EP-3E 电子侦察机，最后一架于 1997 年交付。此外，日本海上自卫队也装备了 5 架 EP-3 电子侦察机。

日本海上自卫队装备的 EP-3 电子侦察机

机体构造

　　EP-3 电子侦察机的机腹下的碟形天线是其最醒目的识别特征，另外在机腹、机背、机翼末梢也配置了很多整流天线罩和刀形、号角形天线。EP-3 机内设有 24 个固定座位，19 个为机组所用。该机的动力装置为 4 台艾利森 T56-A-14 涡轮螺旋桨发动机，单台功率为 3450 千瓦。

EP-3 电子侦察机在高空飞行

▌▌▌▶ 战斗性能

EP-3 电子侦察机的续航时间超过 12 小时，航程超过 5400 千米。该机的主要任务为电子监听，其机载电子设备多由得克萨斯州 L-3 通信综合系统公司提供，主要电子设备包括 ALQ-76 电子干扰器、ALQ-78 自动化电子支持措施、ALQ-108 敌我识别器干扰器、ALR-132 红外线干扰器、ALR-52 自发式频率量测装备、AAR-37 红外线侦测器等。EP-3 电子侦察机的机组为24 人，包括 7 名军官、3 名飞行员、1 名导航员、3 名战术程序员、1 名飞行工程师。其余为设备操作员、技术员、机械员等。

停机坪中的 EP-3 电子侦察机

趣 闻 逸 事

EP-3 电子侦察机的早期型号延续了 P-3 海上巡逻机的绰号，即"猎户座"。猎户座是赤道带星座之一，星座主体由参宿四和参宿七等 4 颗亮星组成一个大四边形。后期型号 EP-3E 的绰号改为"白羊座"，白羊座是黄道十二星座之第一宫，位于双鱼座之东，金牛座之西。

美国海军装备的 EP-3 电子侦察机

EA-6 "徘徊者"电子作战机

　　EA-6 "徘徊者"电子作战机是美国格鲁曼公司研制的舰载双发电子作战机，由A-6攻击机改进而来，主要有A型和B型两种型号。

排名依据

　　EA-6 电子作战机是美国海军和美国海军陆战队最重要的舰载电子作战机，其主要任务是干扰敌方的雷达和通信系统，保护舰队水面舰艇和其他作战飞机。按照 1998 年的币值，EA-6B 电子作战机的单机造价约为 5200 万美元。

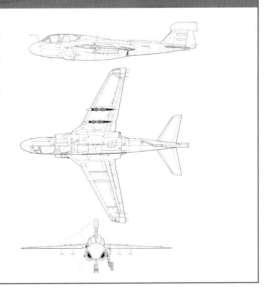

建造历程

EA-6 电子作战机于 1960 年开始研制，前 6 架的机体是以 A-6A 双座攻击机改装而成，初期编号为 A2F-1Q，第一架于 1963 年 4 月首次试飞，同时将编号改为 EA-6A。1964 年，EA-6A 开始服役，前后共制造了 21 架。改进型 EA-6B 于 1968 年 5 月首次试飞，1971 年 7 月开始服役，主要用户为美国海军和美国海军陆战队。2015 年，EA-6B 从美国海军退役，但仍继续在美国海军陆战队服役。

EA-6 电子作战机在高空飞行

机体构造

EA-6A 电子作战机与 A-6 攻击机在外观上最大的差异是前者加装在垂直安定面顶部的荚舱，用来容纳 ALQ-86 接收机 / 侦测系统所使用的 30 个天线。此外，两边机翼的空气刹车面也被取消。原先 A-6 机身内部支援对地攻击的航空电子系统大部分都被拆除，不过有限度的全天候轰炸能力仍被保留。EA-6B 大幅改进了 EA-6A 的设计，加长了机身，机组成员由 2 名增加到 4 名，其中 1 名为飞行员，另外 3 名为电子对抗装备操作员。EA-6 电子作战机装有 2 台普惠 J52-P408 发动机，单台推力为 46 千牛。

EA-6B 电子作战仰视图

战斗性能

EA-6 电子作战机的核心是 AN/ALQ-99 战术干扰系统，同时还可以携带 5 个外挂电子干扰吊舱。每个吊舱装有 2 个干扰收发机，干扰机可干扰 7 个波段中的一个。每个吊舱可自行独立供电，由吊舱前端的气动风扇驱动发电机供电。EA-6 电子作战机能根据任务组合携带吊舱、副油箱和 AGM-88 "哈姆" 反雷达导弹。该型机垂尾上的整流罩内装有灵敏的监视天线，能够探测到远方的雷达辐射信号。各种信号由中央任务计算机处理，探测、识别、定向和干扰频率设定可自动完成，也可由机组人员执行。

EA-6 电子作战机在海洋上空飞行

趣闻逸事

1998 年，一架美军 EA-6B 电子作战机在意大利一处滑雪度假胜地低空飞行时，意外割断了一条缆车的缆索，事故造成 20 人不幸死亡。

EA-6 电子作战机编队飞行

RC-135 "铆接"侦察机

　　RC-135 "铆接"侦察机是美国波音公司以波音 707 机体改装而成的四发战略侦察机，于 1965 年开始服役。

排名依据

　　RC-135 侦察机擅长在沿海地区实施侦察行动，被美国空军视为与新一代军事侦察卫星和远程无人驾驶飞机并驾齐驱的 21 世纪最重要的侦察武器。按照 2014 年的币值，每架 RC-135 侦察机的改装费用约为 9000 万美元。

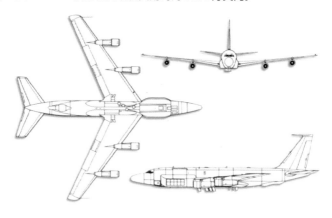

建造历程

　　RC-135 侦察机于 1965 年 4 月首次试飞，同年开始服役。自问世以来，RC-135 侦察机出现了多种改进型，包括 RC-135A、RC-135S、RC-135U、RC-135V、RC-135W、RC-135X 等。其中 RC-135S 是侦察弹道导弹的主要机型，是美国战区导弹防御计划的重要组成部分。而与 RC-135S 不同，RC-135V 和 RC-135W 重点收集的目标是电磁信号，任务是实时侦测空中各种电磁波信息，对目标进行定位、分析、记录和信息处理。

RC-135 侦察机仰视图

机体构造

　　RC-135 侦察机是由波音 707 客机的机体改装而成，机身大小与普通的波音 707 客机相差无几，装有 4 台普惠 TF33-P-9 涡扇发动机。该机装有高精度电子光学探测系统和先进的雷达侦察系统，可以搜集对方预警、制导和引导雷达的频率等技术参数，能捕捉敌方飞机、军舰、潜艇、雷达、指挥所及电台发出的电子信号，能在公海上跟踪进入大气层的导弹飞行状态，并推测出弹道导弹的相关数据。

俯瞰 RC-135 侦察机

▌▍▶ 战斗性能

RC-135 侦察机的飞行高度通常在 15000 米以上，巡航速度为 860 千米 / 时，续航时间超过 12 小时，由于各种型号的 RC-135 侦察机都装有空中加油装置，因此实际飞行时间大大超过 12 小时，空中滞留时间最长可达 20 小时。RC-135 侦察机在执行侦察任务时的最大优势是可在公共空域进行侦察活动，无须进入敌方领空，或者过于贴近敌方领空活动。该机的电子光学探测系统可以与美国空军战机、地面指挥中心甚至与卫星直接联系，能够把情报在第一时间传给全球范围内的美军战区指挥官。

RC-135 侦察机准备起飞

趣闻逸事

RC-135 侦察机主要装备美国空中战斗司令部下属的第 55 联队，该联队驻扎在美国本土的奥福特空军基地，因此，RC-135 侦察机的机尾都有"OF"字样。

英国空军装备的 RC-135 侦察机

U-2 "蛟龙夫人" 侦察机

　　U-2 "蛟龙夫人" 侦察机是美国洛克希德公司研制的单发高空侦察机，于 1956 年开始服役，截至 2016 年 12 月仍然在役。

排名依据

　　U-2 侦察机最拿手的本领是高空照相，机上装有长焦距航空相机，可以持续 9 小时多角度拍摄地面目标。该型机照相的清晰度很高，在 18000 米的高空，地面人员的活动可以清晰地显示出来。按照 2009 年的币值，U-2 侦察机的单机造价高达 4 亿美元。

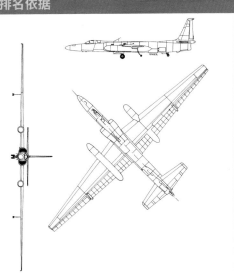

建造历程

　　U-2 侦察机的研制工作始于 20 世纪 50 年代，由于它的研制属于高度机密，所以不能使用侦察机代号。为了隐藏其真实用途，美国空军于 1955 年 7 月选择了 U（Utility，多用途）这个代号，将其命名为 U-2。1955 年 8 月 1 日，U-2 原型机首次试飞。1956 年 5 月，首批 4 架 U-2 侦察机开始服役。1960 年 5 月 1 日，U-2 侦察机在苏联境内首次被击落，由此被世人所知。

U-2 侦察机准备起飞

机体构造

　　U-2 侦察机采用正常气动布局，飞机外表为了避免反射阳光涂成黑色，并加大机翼使其具有滑翔机特征。机体为了减轻重量，采用全金属薄蒙皮结构，机身呈细长状。U-2 侦察机的另一个外观特征就是其起落架，与其他飞机的典型三点式设计（机鼻 1 个，机翼下 2 个）不同，U-2 侦察机的起落架只有 2 个，主翼下方一个，发动机尾下方装有另一个可转向起落架。

U-2 侦察机在山区上空飞行

战斗性能

　　U-2 侦察机装有高分辨率摄影组合系统，能在 4 小时内拍下宽 200 千米、长 4300 千米范围内地面景物的清晰图像，并冲印出 4000 张照片用于情报分析。此外，U-2 侦察机还装有先进的电子侦察设备，不仅能侦察到对方陆空联络、空中指挥的无线电信息，还能测出对方的雷达信号。该型机被公认为美国空军中最具挑战性的机种，对飞行员的技术要求甚高。其修长的机翼使 U-2 侦察机有和滑翔机相似的飞行特性，对侧风极其敏感，并倾向于跑道上飘浮，使得着陆非常困难。由于要在高空执行任务，U-2 侦察机的飞行员必须穿着一种类似宇航服的压力衣，使其免受缺氧、减压症和严寒等威胁。

U-2 侦察机在高空飞行

趣 闻 逸 事

　　U-2 侦察机每 6 年或 4000 飞行小时就要进行一次定期维修，这项维修工程需要拆掉飞机的机翼和尾部，拆掉所有内部设备，用塑料喷丸除掉油漆，检查机身是否腐蚀或存在结构损坏。

U-2 侦察机侧面视角

SR-71 "黑鸟" 侦察机

SR-71 "黑鸟" 侦察机是美国洛克希德公司研制的喷气式三倍音速远程高空高速战略侦察机，于 1966 年开始服役。

排名依据

SR-71 侦察机是由美国军火工业的传奇人物凯利·约翰逊所领导的"臭鼬工厂"亲自设计，该机使用了大量当时的先进技术，不但是采取隐形技术设计的飞机，而且更能以 3 马赫的高速躲避敌机与防空导弹。时至今日，SR-71 侦察机仍然是世界上有人驾驶的速度最快的飞机。在实战记录上，没有任何 1 架 SR-71 侦察机曾被击落过。

建造历程

　　SR-71 侦察机在 1964 年 12 月 22 日首次试飞，并在 1966 年 1 月进入加州比尔空军基地的第 4200 战略侦察联队（后改番号为第 9 战略侦察联队）服役。1990 年 1 月 26 日，由于国防预算降低和操作费用高昂，美国空军将 SR-71 侦察机退役，但在 1995 年又编回部队，并于 1997 年展开飞行任务。1998 年，SR-71 侦察机从美国空军永久退役。不过，SR-71 侦察机退役后又被美国航空航天局用作飞行试验机。

SR-71 侦察机在高空飞行

机体构造

　　SR-71 侦察机是第一种成功突破"热障"的实用型喷气式飞机。"热障"是指速度快到一定程度时，飞机与空气摩擦产生大量热量，从而威胁到飞机结构安全的问题。为此，SR-71 侦察机的机身采用低重量、高强度的钛合金作为结构材料，机翼等重要部位采用了能适应受热膨胀的设计，因为 SR-71 侦察机在高速飞行时，机体长度会因为热胀伸长 30 多厘米。该型机的油箱管道设计巧妙，采用了弹性的箱体，并利用油料的流动来带走高温部位的热量。尽管采用了很多措施，但 SR-71 侦察机在降落地面后，油箱还是会因为机体热胀冷缩而发生一定程度的泄漏。实际上，SR-71 起飞时通常只带少量油料，在爬高到巡航高度后再进行空中加油。

SR-71 侦察机前方视角

⚡ 战斗性能

　　SR-71 侦察机可以在约 24000 米的高空，以约 72 千米 / 秒的速度扫视地表。该机使用的 J-58 发动机是唯一可以持续使用加力燃烧室的军用发动机，当飞行速度越快的时候，发动机的效率也随之提升。SR-71 侦察机的使用费用极其高昂，在美国空军提交的报告中，曾提出 2 架重新服役的 SR-71 侦察机每月（按 30 天计算）所需费用为 3900 万美元。

SR-71 侦察机在山区飞行

趣闻逸事

　　SR-71 侦察机曾创造了两项世界纪录：1976 年 7 月 28 日，一架 SR-71 侦察机创下 3529.56 千米 / 时的速度纪录，以及 25929 米的高度纪录（只有苏联 MiG-25 战斗机曾经在 1977 年 8 月 31 日达到更高的 37650 米）。此外，SR-71 侦察机也保有在 1974 年 9 月 1 日创下的从纽约到伦敦的速度纪录：1 小时 54 分 56.4 秒（波音 747 客机需要 7 小时）。

停机坪中的 SR-71 侦察机

Chapter 09

无人机

　　无人机是利用无线电遥控设备和自备的程序控制装置操纵的不载人飞机，具有无人员伤亡、使用限制少、隐蔽性好、效费比高等特点，在现代战争中的地位和作用日渐突出。本章详细介绍了无人机制造史上影响力最大的五种型号，并根据核心技术、综合性能、单机造价、建造数量等因素进行了客观、公正的排名。

> **整体展示** ●

● **投产量、运用方、服役时间和生产厂商**

TOP 5　MQ-8"火力侦察兵"无人机	
投 产 量	30 架
运 用 方	美国海军
服役时间	2009 年至今
生产厂商	诺斯洛普·格鲁曼公司

TOP 4　MQ-1"捕食者"无人机	
投 产 量	360 架
运 用 方	美国空军、意大利空军、土耳其空军、摩洛哥空军
服役时间	1995 年至今
生产厂商	通用原子技术公司

TOP 3　MQ-9"收割者"无人机	
投 产 量	160 架
运 用 方	美国空军、英国空军、意大利空军
服役时间	2007 年至今
生产厂商	通用原子技术公司

TOP 2　RQ-4"全球鹰"无人机	
投 产 量	42 架
运 用 方	美国空军、美国国家航空航天局
服役时间	2000 年至今
生产厂商	诺斯洛普·格鲁曼公司

TOP 1　X-47B "咸狗" 无人机	
投 产 量	2架
运 用 方	美国海军
服役时间	尚未服役
生产厂商	诺斯洛普·格鲁曼公司

机体尺寸

TOP 5　MQ-8 "火力侦察兵" 无人机

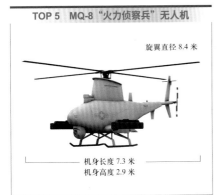

旋翼直径 8.4 米

机身长度 7.3 米
机身高度 2.9 米

TOP 4　MQ-1 "捕食者" 无人机

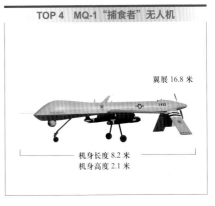

翼展 16.8 米

机身长度 8.2 米
机身高度 2.1 米

TOP 3　MQ-9 "收割者" 无人机

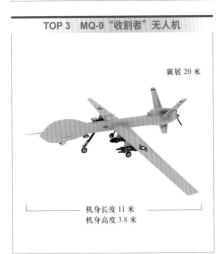

翼展 20 米

机身长度 11 米
机身高度 3.8 米

TOP 2　RQ-4 "全球鹰" 无人机

翼展 39.9 米

机身长度 14.5 米
机身高度 4.7 米

TOP 1　X-47B "咸狗" 无人机

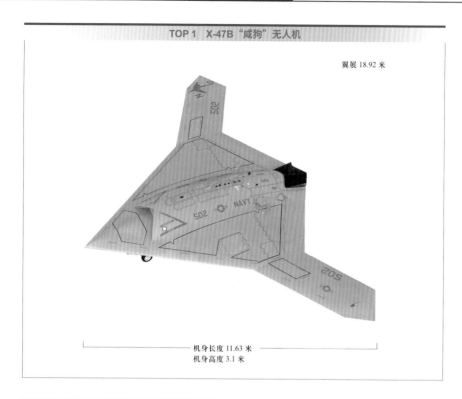

翼展 18.92 米

机身长度 11.63 米
机身高度 3.1 米

基本战斗性能对比

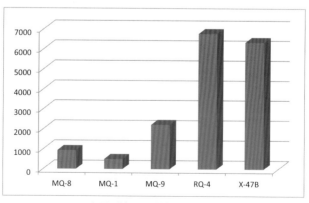

空重对比图（单位：千克）

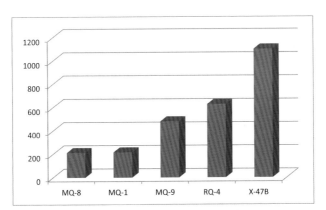

最大速度对比图（单位：千米 / 时）

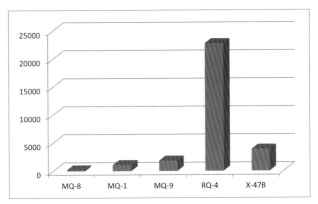

最大航程对比图（单位：千米）

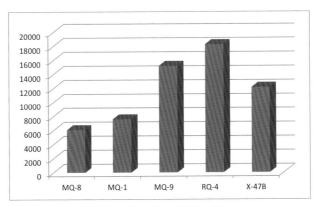

实用升限对比图（单位：米）

MQ-8 "火力侦察兵" 无人机

MQ-8"火力侦察兵"无人机是美国诺斯洛普·格鲁曼公司研制的垂直起降无人机，于2009年开始服役。

排名依据

MQ-8 无人机是美国海军最重要的无人机之一，不仅具有出色的侦察能力，还拥有一定的攻击能力。按照 2015 年的币值，MQ-8B型的单机造价约为 1460 万美元。

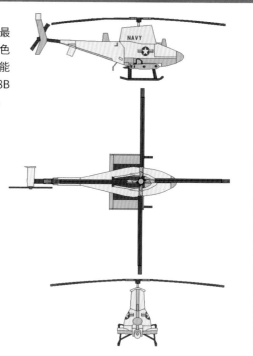

建造历程

　　1998 年 11 月，美国海军提交了发展舰载垂直起降战术无人机的作战需求文件，并于 1999 年 8 月开始招标，诺斯洛普·格鲁曼公司的方案打败了贝尔直升机公司和西科斯基直升机公司的方案。美国海军通过这项计划研制出了 RQ-8A 无人机，后来又研制出了功能更加强大的 RQ-8B 无人机。2005 年，RQ-8B 无人机的编号被改为 MQ-8B。目前，诺斯洛普·格鲁曼公司正在研制更加先进的 MQ-8C 无人机。

MQ-8 无人机仰视图

机体构造

　　MQ-8 无人机充分利用成熟的直升机技术和零部件，仅对机身和燃油箱做一些改进，而机载通信系统和电子设备又采用了诺斯洛普·格鲁曼公司自家的 RQ-4 "全球鹰"无人机所使用的系统，这样做有利于节省成本和缩短研制周期。MQ-8A 和 MQ-8B 在外形上区别较大，MQ-8A 的旋翼有 3 个桨叶，而 MQ-8B 的旋翼有 4 个桨叶。此外，两者的传感器和航空电子设备也有明显区别。

停放在甲板上的 MQ-8 无人机

战斗性能

　　MQ-8 无人机可在战时迅速转变角色，执行包括情报、侦察、监视、通信中继等在内的多项任务。同时，这种做法还可为今后进行升级改造预留充足的载荷空间。MQ-8 无人机具备挂载"蝰蛇打击"智能反装甲滑翔弹和"九头蛇"低成本精确杀伤火箭的能力，也可以使用"地狱火"导弹和以色列拉斐尔公司的"长钉"导弹。

试验中的 MQ-8C 无人机

趣 闻 逸 事

　　2002 年 5 月，"火力侦察兵"无人机的原型机开始了飞行测试，几个月后，由于"战术规格改变"，该项目被美国海军停止。2003 年，由于美国海军急需一种在未来的"沿海控制战船"舰队中使用的战术无人驾驶飞行器，因此，"火力侦察兵"项目又被重新启动。

MQ-8 无人机在海洋上空飞行

MQ-1 "捕食者" 无人机

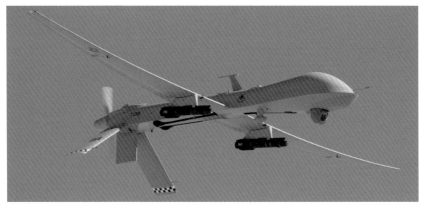

MQ-1 "捕食者" 无人机是美国通用原子技术公司研制的无人攻击机，于 1995 年开始装备美国空军。

排名依据

MQ-1 无人机可以扮演侦察角色，也可携带导弹执行攻击任务。该型机是美国空军的主要无人机之一，参加过多场实战。按照 2010 年的币值，MQ-1 无人机的单机造价约为 4030 万美元。

▌▌▌▷ 建造历程

　　1994 年 1 月，美国通用原子技术公司取得"先进概念技术验证机"计划的研制合同。1994 年 7 月，原型机成功进行了首次试飞。1995 年年初，被命名为 RQ-1 的新型无人机进入美国空军服役。2001 年，RQ-1 无人机携带 AGM-114"地狱火"导弹和 FIM-92"刺针"导弹试飞成功，装备了武器的"捕食者"无人机被重新命名为 MQ-1。自服役以来，"捕食者"无人机参加过阿富汗、波斯尼亚、塞尔维亚、伊拉克、也门和利比亚等多场战争。

MQ-1 无人机在高空飞行

▌▌▌▷ 机体构造

　　MQ-1 无人机采用低置直翼、倒 V 形垂尾、收放式起落架、推进式螺旋桨，传感器炮塔位于机头下面，上部机身前方呈球茎状。该型机有 2 个挂架，可携带 2 枚 AGM-114"地狱火"导弹或 FIM-92"刺针"导弹。MQ-1 无人机的动力装置为 1 台罗塔克斯 914F 涡轮增压四缸发动机，最大功率为 86 千瓦。

MQ-1 无人机仰视图

战斗性能

MQ-1 无人机可在粗略准备的地面上起飞升空，起降距离约 670 米，起飞过程由遥控飞行员进行视距内控制。在回收方面，MQ-1 无人机可以采用软式着陆和降落伞紧急回收两种方式。MQ-1 无人机可以在目标上空停留 24 小时，对目标进行充分的监视，最长续航时间高达 60 小时。该型机的侦察设备在 4000 米高处的分辨率为 0.3 米，对目标定位精度达到极为精确的 0.25 米。

MQ-1 无人机在低空飞行

趣闻逸事

2001 年，一架 MQ-1 无人机成功发回了本·拉登手下一名高级军官藏身地点的实时视频信号，随后多架 F-15E 战斗轰炸机轰炸了这一地区，杀死了这名军官。同年，MQ-1 无人机首次在实战中发射导弹摧毁了 1 辆塔利班坦克。

挂载了导弹的 MQ-1 无人机

MQ-9 "收割者" 无人机

　　MQ-9 "收割者" 无人机是美国通用原子技术公司研发的无人攻击机，主要为了给地面部队提供近距空中支援，也可以在危险地区执行持久监视和侦察任务。

排名依据

　　MQ-9 无人机是专门设计作为攻击用途的无人机，它比 MQ-1 无人机的尺寸更大、载重更重，具有长滞空时程、高海拔监视的能力。按照 2013 年的币值，MQ-9 无人机的单机造价约为 1690 万美元。

建造历程

1994 年 1 月，美国通用原子技术公司获得了美国空军"中高度远程'捕食者'无人机"计划的合同。在竞争中击败诺斯洛普·格鲁曼公司后，通用原子技术公司于 2002 年 12 月正式收到美国空军的订单，制造 2 架"捕食者"B 型无人机，之后正式命名为 MQ-9"收割者"。截至 2016 年 12 月，美国空军已经装备了超过 160 架 MQ-9 无人机。

MQ-9 无人机在高空飞行

机体构造

尽管 MQ-9 无人机和 MQ-1 无人机在尺寸和性能上存在差别，但两者仍然共用相同的控制界面。每架 MQ-9 无人机都配备 1 名飞行员和 1 名传感器操作员，他们在地面控制站内实现对 MQ-9 无人机的作战操控。飞行员虽然不是在空中亲自驾驶，但他手中依旧操纵着控制杆，同样拥有开火权，而且还要观测天气，实施空中交通控制，施展作战战术。

MQ-9 无人机侧面视角

战斗性能

MQ-9 无人机装备有先进的红外设备、电子光学设备以及微光电视和合成孔径雷达，拥有特殊的对地攻击能力，并拥有卓越的续航能力，可在战区上空停留数小时之久。此外，MQ-9 无人机还可以为空中作战中心和地面部队收集战区情报，对战场进行监控，并根据实际情况开火。与MQ-1 无人机相比，MQ-9 无人机的动力更强，飞行速度可达 MQ-1 无人机的三倍，而且拥有更大的载弹量，装备 6 个武器挂架，可搭载"地狱火"导弹和 500 磅炸弹等武器。

装有导弹的 MQ-9 无人机

趣闻逸事

2007 年 11 月 9 日，英国国防部长宣布英国空军的"收割者"无人机开始在阿富汗执行打击塔利班武装分子的任务，并与美国空军共用"收割者"无人机的基础设施。

MQ-9 无人机准备起飞

RQ-4 "全球鹰"无人机

　　RQ-4 "全球鹰"无人机是由美国诺斯洛普·格鲁曼公司研制的无人侦察机，可以为后方指挥官提供综观战场或监视局部目标的能力。

排名依据

　　RQ-4 无人机是世界上最先进的无人机之一，具有从敌占区域全天候不间断提供数据的能力，其角色类似于 U-2 "蛟龙夫人"侦察机。按照 2013 年的币值，RQ-4 无人机的单机造价高达 1.31 亿美元。

建造历程

RQ-4 无人机于 1995 年开始研制，1998 年 2 月 28 日首次飞行，1999
年 6 月到 2000 年 6 月是 RQ-4 无人机在美军组织下的部署和评估阶段。
2000 年 6 月，完整的 RQ-4 无人机系统被部署到爱德华兹空军基地。2001
年 4 月 22 日，RQ-4 无人机完成了从美国到澳大利亚的越洋飞行。

机体构造

RQ-4 无人机是一种巨大的无人机，其翼展和 1 架中型客机相近。机身
为普通的铝合金结构材料，机翼则是碳纤维结构材料。整个"全球鹰"系
统分为四个部分，即机体、侦测器、航空电子系统、资料链。地上部分主
要有两大装置，即发射维修装置（LRE）和任务控制装置（MCE）。该型机
可以搭载 900 千克设备，其动力装置为 1 台罗尔斯·罗伊斯 F137-RR-100
涡扇发动机。

俯视 RQ-4 无人机

战斗性能

RQ-4 无人机的机载燃料超过 7 吨，自主飞行时间长达 41 小时，可以
完成跨洲飞行。它可在距发射区 5556 千米的范围内活动，可在目标区上空

18300 米处停留 24 小时。RQ-4 无人机装有高分辨率合成孔径雷达（SAR），还有光电红外线模组（EO/IR），提供长程长时间全区域动态监视。RQ-4 无人机还可以进行波谱分析的谍报工作，提前发现全球各地的危机和冲突，也能协助导引空军的导弹轰炸，使误击率降低。

RQ-4 无人机起飞

趣 闻 逸 事

　　RQ-4"全球鹰"无人机是第一架得到美国联邦航空局（FAA）认证，可以在美国民航机领空飞行的无人机。这是无人机产业的一大革命，预示着日后可能出现不需要驾驶员操纵的商用飞机。

RQ-4 无人机侧后方视角

X-47B "咸狗" 无人机

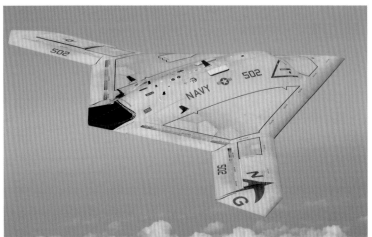

　　X-47B "咸狗" 无人机是美国诺斯洛普·格鲁曼公司研制的试验型无人战斗航空器，于 2011 年 2 月 4 日首次试飞。

排名依据

　　X-47B 无人机是世界上第一种全尺寸无人作战验证机，第一种专门为航空母舰设计的隐身舰载无人机，是集远程侦察及攻击能力于一身的隐身作战平台。按照 2012 年的币值，整个 X-47B 项目已经花费 8.13 亿美元。

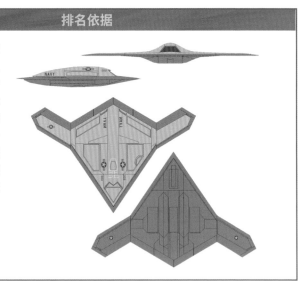

建造历程

2011 年 2 月 4 日，X-47B 无人机在爱德华兹空军基地完成首飞测试。2013 年 5 月 14 日，X-47B 无人机在"布什"号航空母舰上成功进行起飞测试，并于 1 个小时后降落在马里兰州帕图森河海军航空站。同年 7 月 10 日，X-47B 无人机从马里兰州帕图森河海军航空站起飞，在"布什"号航空母舰上降落，完成着舰测试。2015 年 4 月 16 日，X-47B 无人机与 KC-707 空中加油机成功完成空中加油测试。2016 年 5 月初，美国国防部公布了 2017 年度预算案，"舰载监视与攻击无人机"项目被调整为"舰载无人空中加油系统"项目，这意味作为空中作战平台的 X-47B 无人机项目将被终止，取而代之的是带有 X-47B 血统的舰载无人加油机。

X-47B 无人机在高空飞行

机体构造

X-47B 无人机的外形与 B-2"幽灵"轰炸机极为相似，其尺寸直逼美国海军现役的 F/A-18E/F"超级大黄蜂"战斗 / 攻击机。X-47B 无人机的外翼由铝合金部件和碳纤维环氧复合材料蒙皮组成，每个机翼装有副翼，并拥有高度集成的电子和液压管路。机翼可以折叠，以便减少占用的空间。X-47B 无人机没有尾翼，可以在着陆时采用大迎角便于减速，而且也不会影响到视野。

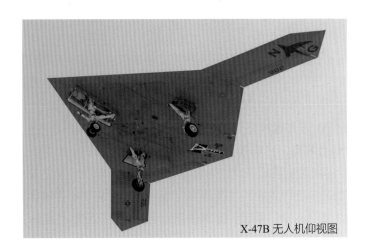

X-47B 无人机仰视图

▍▍▍▶ 战斗性能

　　X-47B 无人机最初被定位为舰载远程情报、监视、侦察无人平台，同时能对舰载有人作战平台进行补充，执行有限的对地打击任务。随着 X-47B 无人机的发展不断获得突破，它也越来越受到重视，由于目标逐步升级，难度逐渐加大，研制项目很难再继续进行下去。X-47B 无人机的时速只有 0.9 马赫左右，载荷能力不到 2 吨，作战半径为 3700 千米，而美军一直没有为 X-47B 无人机量身定制出小型化、精度高、威力足够的配套武器。在这种情况下，X-47B 无人机能勉强执行远程情报、监视和侦察任务，但实在无法应付远程对地攻击任务。此外，X-47B 无人机的打击效能也备受质疑，有分析认为，按照 X-47B 无人机目前的作战性能，一旦进入防空能力较强的国家领空作战，将有很大概率被击落。

X-47B 无人机从航空母舰上起飞

趣 闻 逸 事

　　X-47B无人机创造了无人机历史上的多项第一：第一次在航空母舰上弹射起飞；第一次在航空母舰上着舰；第一次与载人机在同一艘航空母舰上共同作业；第一次进行无人机空中自主加油试验。

X-47B 无人机进行空中加油

参考文献

[1] 军情视点. 全球战机图鉴大全 [M]. 北京：化学工业出版社，2016.

[2] 艾登. 现代世界各国主力战机 [M]. 北京：中国市场出版社，2014.

[3] 西风. 经典战斗机 [M]. 北京：中国市场出版社，2014.

[4] 李大光. 世界著名战机 [M]. 西安：陕西人民出版社，2011.

[5] [日] 青木谦知. 美国空军大揭秘译者 [M]. 长春：吉林出版集团有限责任公司，2013.